Libro interactivo del estudiante

miVisión
LECTURA
K

Glenview, Illinois   Boston, Massachusetts
Chandler, Arizona   Nueva York, Nueva York

Pearson Education, Inc. 330 Hudson Street, New York, NY 10013

© 2020 Pearson Education, Inc. or its affiliates. All Rights Reserved. Printed in the United States of America.

This publication is protected by copyright, and permission should be obtained from the publisher prior to any prohibited reproduction, storage in a retrieval system, or transmission in any form or by any means, electronic, mechanical, photocopying, recording, or otherwise. For information regarding permissions, request forms and the appropriate contacts within the Pearson Education Global Rights & Permissions Department, please visit www.pearsoned.com/permissions/.

Photography

Cover: Richard Peterson/Shutterstock; Angelo Gilardelli/Shutterstock; Daniel Prudek/Shutterstock; Nick Biebach/123RF; Anatoly Tiplyashin/Shutterstock; Karina Bakalyan/Shutterstock; Eric Isselee/Shutterstock; La Gorda/Shutterstock; Cienpies Design/Shutterstock; Carolina K. Smith MD/Shutterstock; Alex Mit/Shutterstock; Aphelleon/Shutterstock; Maks Narodenko/Shutterstock

Attributions of third-party content appear on pages 228–229, which constitutes an extension of this copyright page.

PEARSON and ALWAYS LEARNING are exclusive trademarks owned by Pearson Education, Inc. or its affiliates in the U.S. and/or other countries.

Unless otherwise indicated herein, any third-party trademarks that may appear in this work are the property of their respective owners and any references to third-party trademarks, logos, or other trade dress are for demonstrative or descriptive purposes only. Such references are not intended to imply any sponsorship, endorsement, authorization, or promotion of Pearson's products by the owners of such marks, or any relationship between the owner and Pearson Education, Inc. or its affiliates, authors, licensees, or distributors.

ISBN-13: 978-0-134-90795-6
ISBN-10: 0-134-90795-7

AUTORES DEL PROGRAMA

María G. Arreguín-Anderson, Ed.D.

Richard Gómez Jr., Ph.D.

UNIDAD 4

CONTENIDO

Antes y ahora

SEMANA 1

TALLER DE LECTURA

Género: No ficción narrativa

Infografía: Mejorar la comunicación

DESTREZAS FUNDAMENTALES La consonantes Jj y Gg • Las consonantes Ss, Cc, Zz 16

Los carros siempre están cambiando .... No ficción narrativa 31
por Gary Miller

Comprensión de la lectura • Describir conexiones

PUENTE ENTRE LECTURA Y ESCRITURA 45

Vocabulario académico • Ortografía • Leer como un escritor, escribir para un lector • Lenguaje y normas: Las oraciones completas

TALLER DE ESCRITURA 49

Planificar tu narración personal

SEMANA 2

TALLER DE LECTURA

Género: No ficción narrativa

Infografía: Aprender sobre el pasado

DESTREZAS FUNDAMENTALES La consonante Hh • La diéresis 54

Descubrir el pasado .... No ficción narrativa 69
por Jennifer Torres

Comprensión de la lectura • Identificar la idea principal y los detalles de apoyo

PUENTE ENTRE LECTURA Y ESCRITURA 83

Vocabulario académico • Ortografía • Leer como un escritor, escribir para un lector • Lenguaje y normas: Los tipos de oraciones

TALLER DE ESCRITURA 87

Escribir tu narración personal

SEMANA 3

TALLER DE LECTURA
Línea cronológica: Los cambios del teléfono

DESTREZAS FUNDAMENTALES El acento escrito: Palabras agudas y graves ... 92

El teléfono de la abuela .... Ficción ... 107
por Ken Mochizuki

Comprensión de la lectura • Describir el ambiente

PUENTE ENTRE LECTURA Y ESCRITURA ... 121

Vocabulario académico • Ortografía • Leer como un escritor, escribir para un lector • Lenguaje y normas: La puntuación

TALLER DE ESCRITURA ... 125
Organizar tu narración personal

SEMANA 4

Género: No ficción narrativa

TALLER DE LECTURA
Infografía: Antes y ahora

DESTREZAS FUNDAMENTALES El acento escrito: Palabras esdrújulas, agudas y graves ... 130

Cambiar leyes, cambiar vidas: Martin Luther King, Jr. .... No ficción narrativa ... 143
por Eric Velásquez

Comprensión de la lectura • Identificar los elementos del texto

PUENTE ENTRE LECTURA Y ESCRITURA ... 157

Vocabulario académico • Ortografía • Leer como un escritor, escribir para un lector • Lenguaje y normas: Las palabras para hacer preguntas

TALLER DE ESCRITURA ... 161
Corregir tu narración personal

SEMANA 5

TALLER DE LECTURA
Poema: Una tradición familiar

Género | Ficción

DESTREZAS FUNDAMENTALES Repaso y refuerzo: Las palabras con Bb y Vv ... 166

Tempura, tempera ... Ficción 179
por Lyn Miller-Lachmann

Comprensión de la lectura • Determinar el tema

PUENTE ENTRE LECTURA Y ESCRITURA ... 193

Vocabulario académico • Ortografía • Leer como un escritor, escribir para un lector • Lenguaje y normas: Las palabras para hacer preguntas

TALLER DE ESCRITURA ... 197
Presentar tu narración personal

SEMANA 6

Infografía: Comparar textos
DESTREZAS FUNDAMENTALES Repaso y refuerzo: Las palabras con Cc, Kk, Qu qu ... 202

PROYECTO DE INDAGACIÓN ... 212

Indagar: Mirar atrás • **Colaborar y comentar:** Texto informativo • **Hacer una investigación:** Hacer una entrevista • **Celebrar y reflexionar**

REFLEXIONAR SOBRE LA UNIDAD ... 219

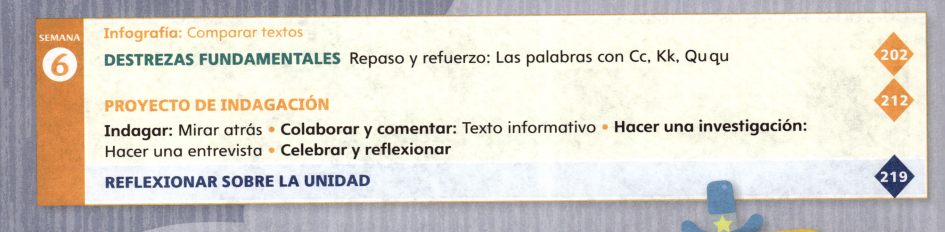

UNIDAD 4

Antes y ahora

Pregunta esencial

¿Qué podemos aprender del pasado?

▶ **Mira**

"¡El tiempo!" y ve qué puedes aprender sobre los cambios en la tecnología.

INTERCAMBIAR *ideas*

¿Qué tecnología usas? Coméntalo con un compañero.

PEARSON realize

Puedes hallar todas las lecciones EN LÍNEA.

- VIDEO
- AUDIO
- JUEGO
- ANOTAR
- LIBRO
- INVESTIGACIÓN

Enfoque en no ficción narrativa

Taller de lectura

Infografía: Mejorar la comunicación
Los carros siempre están cambiando..................No ficción narrativa
por Gary Miller

Infografía: Aprender sobre el pasado
Descubrir el pasado..................No ficción narrativa
por Jennifer Torres

Línea cronológica: Los cambios del teléfono
El teléfono de la abuela..................Ficción
por Ken Mochizuki

Infografía: Antes y ahora
Cambiar leyes, cambiar vidas: Martin Luther King, Jr...................No ficción narrativa
por Eric Velásquez

Poema: Una tradición familiar
Tempura, tempera..................Ficción
por Lyn Miller-Lachmann

Puente entre lectura y escritura

• Vocabulario académico • Ortografía • Leer como un escritor, escribir para un lector • Lenguaje y normas

No ficción narrativa

Taller de escritura

• Planificar tu narración personal • Escribir un argumento
• Qué sucede al final • Corregir los pronombres personales y posesivos • Publicar y celebrar

Narración personal

Proyecto de indagación

Escribir un texto informativo — Texto informativo

LECTURA INDEPENDIENTE

Lectura independiente

Cuando leas, haz preguntas para hacer conexiones:

1. ¿En qué se parece el texto a otros que he leído?

2. ¿En qué me recuerda el texto a mi vida?

3. ¿En qué me recuerda el texto a mi comunidad?

Instrucciones Lea la información a los estudiantes. Diga: Cuando hagan conexiones, piensen en qué se parece el texto que están leyendo a otro texto o la vida real. A medida que los estudiantes leen los textos de forma independiente, anímelos a hacer conexiones con otros textos, con experiencias personales y con la sociedad.

Mi registro de lectura independiente

Día	Libro	Páginas leídas	Cuánto me gusta
			🙂 😐 ☹️
			🙂 😐 ☹️
			🙂 😐 ☹️
			🙂 😐 ☹️

Instrucciones Pida a los estudiantes que seleccionen e interactúen con un texto de forma independiente durante períodos de tiempo cada vez más largos. Para desarrollar las aptitudes para la lectura, pida a los estudiantes que lean cada día un poco más. Luego, pídales que hablen sobre su lectura independiente completando la tabla.

INTRODUCCIÓN

UNIDAD 4

Metas de la unidad

En esta unidad,
○ leerás no ficción narrativa.
△ escribirás una narración personal.
□ hablarás sobre qué podemos aprender del pasado.

INTERCAMBIAR *ideas* Conversa con un compañero sobre las semejanzas y las diferencias entre los dos salones.

Instrucciones Lea en voz alta las metas de la unidad. Luego, pida a los estudiantes que miren las fotos. Pídales que digan en qué se parecen y en qué se diferencian el salón de clases del pasado y el salón de clases de hoy en día.

Vocabulario académico

tiempo	
cambiar	
descubrir	
tradición	

INTERCAMBIAR *ideas* Di las palabras y represéntalas con un compañero.

Instrucciones Lea el vocabulario académico a los estudiantes y pídales que comenten el significado de las palabras usando las imágenes. Luego, pida a parejas de estudiantes que se turnen para decir una palabra del vocabulario mientras el otro hace una representación del significado.

PRESENTACIÓN DE LA SEMANA: INFOGRAFÍA

Mejorar la comunicación

Hace mucho tiempo las personas usaban una pluma para escribir los mensajes.

Mojaban la pluma en tinta.
Luego escribían los mensajes en papel.

Pregunta de la semana

¿Por qué es importante mejorar los inventos?

Hoy podemos usar computadoras para escribir mensajes.

Podemos enviar mensajes o correos electrónicos. ¡Las personas pueden recibir los mensajes de inmediato!

 **Mi TURNO** Encierra en un (círculo).

Instrucciones Lea el texto mientras los estudiantes miran las imágenes. Explique a los estudiantes que un texto digital es un texto que leemos en una pantalla, puede ser en una computadora o tableta. Pídales que reconozcan y comenten los elementos de un correo electrónico, como, por ejemplo, el asunto. Luego, pida a los estudiantes que encierren en un círculo las partes de un correo electrónico en la imagen.

CONCIENCIA FONOLÓGICA | FONÉTICA

Las sílabas con j y las sílabas ge, gi

 Encierra en un círculo y subraya.

Instrucciones Pida a los estudiantes que nombren cada imagen. Diga: Escuchen el sonido de la primera sílaba de *jarra*. La sílaba *ja*, está formada por la combinación de los sonidos /j/ y /a/. Ahora escuchen el sonido de la primera sílaba de *girasol*. La sílaba *gi* está formada por la combinación de los sonidos /j/ e /i/. Encierren en un círculo las imágenes que tienen la sílaba *ja* o *jo*, y subrayen las imágenes que comienzan con la sílaba *ge* o *gi*. Pídales que separen y combinen los sonidos de las sílabas de cada palabra que subrayen o encierren en un círculo.

Las consonantes Jj y Gg

Mi TURNO Lee y escribe.

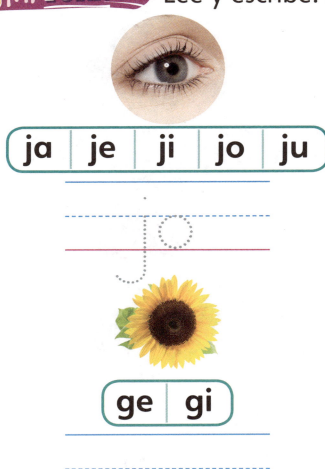

| ja | je | ji | jo | ju |

| ge | gi |

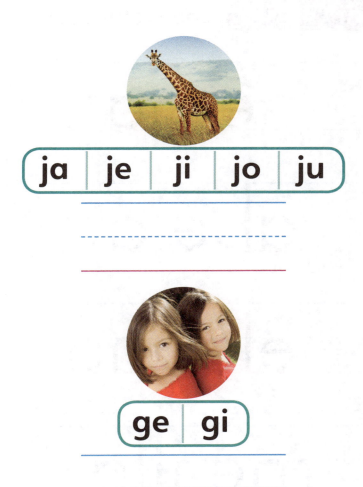

| ja | je | ji | jo | ju |

| ge | gi |

Instrucciones Pida a los estudiantes que identifiquen y nombren cada imagen. Recuérdeles que tanto la letra *j* como la letra *g* en las sílabas *ge* y *gi* tienen el sonido /j/. Luego, pídales que lean las sílabas debajo de las imágenes y que escriban en las líneas la sílaba que cada una de ellas contiene.

FONÉTICA | CONCIENCIA FONOLÓGICA

Las consonantes Jj y Gg

 Lee y empareja.

gema

abeja

gelatina

mejilla

Instrucciones Invite a los estudiantes a trazar las letras *j* y *g* para completar las palabras. Luego, ayúdelos a leer cada palabra. Por último, diga: Ahora, dibujen líneas para emparejar cada palabra con su imagen en la columna derecha.

DESTREZAS FUNDAMENTALES

Las sílabas con s, c, z

 Encierra en un círculo.

Instrucciones Diga: ¿Cuál es la primera palabra ilustrada? *Cereza*. Presten atención al sonido /s/ en la primera y en la última sílaba de la palabra *cereza*: *ce-re-za*. Pida a los estudiantes que nombren las demás imágenes, separen, cuenten y combinen en voz alta las sílabas de cada palabra. Luego, pídales que encierren en un círculo las palabras ilustradas que tienen sílabas con el sonido /s/.

FONÉTICA | PALABRAS DE USO FRECUENTE

Las consonantes Ss, Cc, Zz

 Encierra en un círculo.

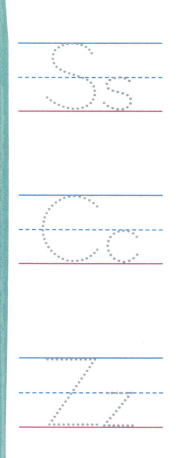

Instrucciones Recuerde a los estudiantes que la consonante *c* tiene el mismo sonido que las consonantes *s* y *z* cuando está antes de las vocales *e* o *i*, es decir, en las sílabas *ce* y *ci*, como en *cereza* y *cine*. Pídales que tracen las letras y nombren las imágenes que están junto a cada una. Diga: Encierren en un círculo las palabras que tienen el sonido /s/. Guíelos para que identifiquen la sílaba con el sonido /s/ en cada caso.

DESTREZAS FUNDAMENTALES

Mis palabras

| auto | tiene | llantas |

Mis oraciones para leer

El niño tiene un juguete.

Es un auto muy bonito.

Las llantas giran rápido.

Instrucciones Pida a los estudiantes que lean las palabras de uso frecuente y las subrayen en las oraciones. Luego, invítelos a leer cada oración. Diga: Ahora, elijan una de las palabras del banco de palabras y escríbanla en las líneas. Asegúrense de dar la forma correcta a cada letra.

FONÉTICA

Las consonantes Ss, Cc, Zz

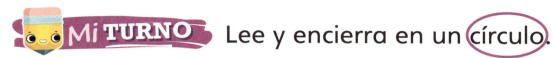 Lee y encierra en un círculo.

José come cerezas.

La jarra está sobre la mesa.

Esa llanta gira.

Instrucciones Diga: Lean cada oración. Luego, encierren en un círculo las palabras que tienen el sonido /s/ escrito s, c o z.

CUENTO DE FONÉTICA

DESTREZAS FUNDAMENTALES

Mis juguetes

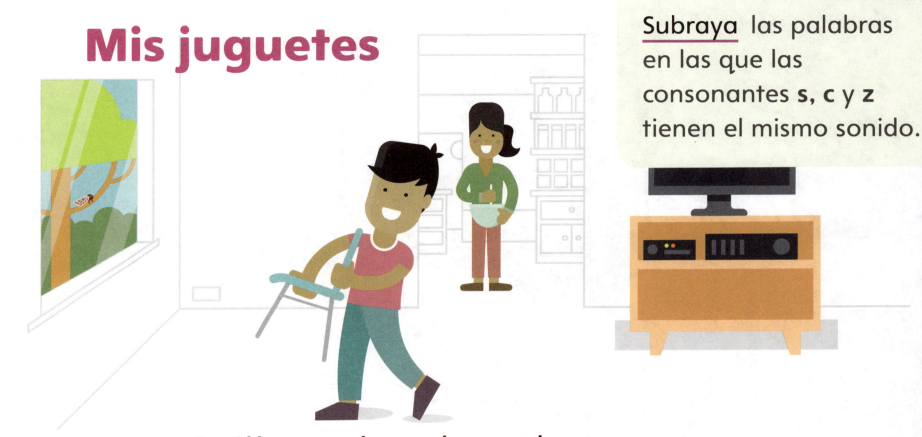

Subraya las palabras en las que las consonantes **s**, **c** y **z** tienen el mismo sonido.

Mi silla es de color celeste.
En ella me amarro los zapatos.
En ella reposo si tengo calor.
En ella sentado ceno en la cocina.

AUDIO
Para escuchar y resaltar

ANOTAR

CUENTO DE FONÉTICA

Mi auto tiene llantas gigantes.
Mi auto anda ligero.

Gira en la arena. Pasa por los girasoles.
¡Mi auto es de acero!

DESTREZAS FUNDAMENTALES

> **Resalta** las palabras en las que las consonantes **j** y **g** tienen el mismo sonido.

Mi jirafa se llama Josefina.
¿Qué tiene ella? Tiene ojos bonitos.
Tiene cejas. No hay nadie como ella.
Tiene una caja que usa de cama.

FONÉTICA

Las consonantes Jj, Gg, Ss, Cc, Zz

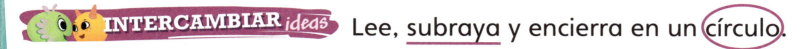 Lee, subraya y encierra en un círculo.

masa   Gerardo   ajo

jirafa   cine   sopa

azul   cena   gira

gelatina   suma   cepillo

Las consonantes Jj, Gg, Ss, Cc, Zz

Mi TURNO Lee y escribe.

 cero

 conejo

 zapato

 girasol

 silla

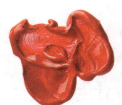 rojo

Instrucciones Recuerde a los estudiantes que las consonantes *s*, *c* y *z* tienen el sonido /s/, y que la consonante *j*, al igual que la *g* en las sílabas *ge*, *gi*, tiene el sonido /j/. Pídales que nombren cada imagen y tracen las letras para completar cada palabra. Pida a voluntarios que lean las palabras. Luego, guíelos para que elijan dos palabras, una con el sonido /s/ y otra con el sonido /j/, y las escriban en las líneas.

GÉNERO: NO FICCIÓN NARRATIVA

Mi meta de aprendizaje Puedo leer no ficción narrativa.

ENFOQUE EN EL GÉNERO

No ficción narrativa

La **no ficción narrativa** cuenta un cuento acerca de personas, lugares y sucesos, o acontecimientos, reales.

Personas reales	Neil Armstrong fue un astronauta.
Lugares reales	Fue a la Luna.
Sucesos reales	El cohete espacial aterrizó. Neil dio un paso. ¡Fue la primera persona en pisar la Luna!

INTERCAMBIAR ideas Conversa con un compañero sobre cómo sabes que esto es no ficción narrativa.

Instrucciones Lea en voz alta la información del género. Diga: La no ficción narrativa puede tener personajes, un ambiente, o escenario, y sucesos, o acontecimientos, reales principales, como en un cuento. Lea el texto modelo y pida a los estudiantes que hablen de cómo saben que se trata de no ficción narrativa.

TALLER DE LECTURA

Cartel de referencia: No ficción narrativa

Podemos decir en qué se parecen y en qué se diferencian las personas, los lugares, los sucesos o las ideas acerca de los que leemos.

VOCABULARIO

Los carros siempre están cambiando

Primer vistazo al vocabulario

motor | radio | manivela | reproductor de CD

Leer

Lee el texto y mira las fotos para aprender acerca de cómo han cambiado los carros.

A **Gary Miller** le encanta caminar, ir en kayak y pescar. Cuando no está explorando al aire libre, probablemente esté leyendo una novela de misterio o tocando su guitarra.

Los carros siempre están cambiando

Género No ficción narrativa

escrito por Gary Miller

Mamá me llevó al museo del automóvil.
Aprendí mucho sobre los carros.
Los carros siempre están cambiando.

LECTURA ATENTA

¿Cómo se encendía el primer carro? Subraya las palabras que responden a la pregunta.

Los primeros carros no se encendían con una llave. En vez de eso, se giraba una manivela.

Este carro fue hecho en 1913.
El motor era pequeño.
No podía ir muy rápido.

LECTURA ATENTA

¿Cómo se encendían los siguientes carros? Subraya las palabras que responden a la pregunta.

Los siguientes carros se encendían con una llave.
Este carro es de 1921.
Tenía un motor grande. ¡Podía ir rápido!

Cada año, los fabricantes de carros inventaban piezas nuevas.
Las piezas hacían que los carros fueran mejores y más divertidos.

LECTURA ATENTA

¿Cómo cambiaron los carros? Resalta la información más importante.

Este carro es de la década de 1950.
Tiene una radio.
¡A las personas les encantaron las radios!

Este carro es de 1987.

Tiene un reproductor de CD.

En aquel entonces, esto era muy novedoso.

VOCABULARIO EN CONTEXTO

¿Qué palabras te ayudaron a comprender el significado de **novedoso**? Resalta las palabras.

Los carros están siempre cambiando.
Ahora tenemos carros que se manejan solos.
¡Quizá los carros del futuro puedan volar!

VOCABULARIO

Desarrollar el vocabulario

 Encierra en un círculo.

(motor)   radio

reproductor   manivela
de CD

motor   reproductor
de CD

radio   manivela

Instrucciones Lea a los estudiantes las palabras debajo de cada imagen. Pídales que encierren en un círculo la palabra que nombra la imagen.

COMPRENSIÓN  TALLER DE LECTURA

Verificar la comprensión

 Escribe.

1. ¿En qué se parece este texto a un cuento?

2. ¿Cómo dice el autor datos acerca de los carros?

3. ¿Cómo cambian los carros con el tiempo?

Instrucciones Lea las preguntas a los estudiantes y pídales que escriban sus respuestas en las líneas. Recuérdeles que usen evidencia del texto.

LECTURA ATENTA

Describir conexiones

Los autores pueden conectar información en un texto. Pueden decir las semejanzas y las diferencias entre los objetos y los sucesos.

 Dibuja y escribe.

| **Primeros carros** | → | **Siguientes carros** |

Instrucciones Lea la información a los estudiantes. Pídales que describan las conexiones en el texto dibujando o escribiendo detalles sobre los primeros carros en la primera columna y detalles sobre la forma en que los siguientes carros cambiaron, o eran diferentes, en la segunda columna. Recuerde a los estudiantes que revisen lo que subrayaron en el texto.

Buscar detalles importantes

Los **detalles** nos dicen más sobre un tema.

 Dibuja.

RESPONDER AL TEXTO

Reflexionar y comentar

INTERCAMBIAR *ideas* ¿Qué sucede en el museo del automóvil? ¿Qué otro texto has leído sobre una visita a un lugar especial? Habla acerca de cada texto con un compañero.

En el museo del automóvil...

En la tienda de arte...

Pregunta de la semana

¿Por qué es importante mejorar los inventos?

Instrucciones Diga a los estudiantes que han leído sobre el paseo a un museo del automóvil. Pídales que piensen en otro texto que hayan leído que hable acerca de un viaje a un lugar especial. Luego, pida a los estudiantes que respondan a las fuentes repitiendo los textos. Recuérdeles que, cuando vuelven a contar un texto, cuentan las ideas principales y los detalles clave o más importantes.

VOCABULARIO  PUENTE ENTRE LECTURA Y ESCRITURA

Puedo usar palabras para hablar sobre no ficción narrativa.

Mi meta de aprendizaje

Vocabulario académico

| tiempo | cambiar | descubrir | tradición |

 Escribe.

Alicia _____ un parque nuevo en su barrio.

| descubrió | descubrimiento |

Instrucciones Lea en voz alta la oración y las opciones de respuesta. Revise el significado de *descubrir* con los estudiantes y comente los significados de las palabras relacionadas *descubrió* y *descubrimiento*. Luego, pida a los estudiantes que escriban la palabra que mejor complete la oración en las líneas.

Ortografía

 Empareja.

gelatina

kilogramo

llama

yema

TÉCNICA DEL AUTOR  PUENTE ENTRE LECTURA Y ESCRITURA

Leer como un escritor, escribir para un lector

 Escribe.

1. Busca palabras en el texto que te ayuden a saber quién escribió el cuento.

2. Escribe una oración como el narrador. Di lo que viste en el museo. Usa palabras como **yo** o **nosotros**.

Instrucciones Diga a los estudiantes que a veces un personaje es el narrador de un texto. Diga: Cuando un personaje es el narrador, el autor utiliza palabras como *yo* y *nosotros* o verbos con terminaciones que dicen que la acción la hago *yo* o la hacemos *nosotros*. Pida a los estudiantes que escuchen y experimenten el texto en primera persona a medida que lee en voz alta una página del texto. Luego, lea las preguntas y pídales que escriban sus respuestas.

LENGUAJE Y NORMAS

Las oraciones completas

Una **oración completa** tiene una parte que nombra y una parte de acción.

Las oraciones comienzan con letra mayúscula y terminan con un punto.

La mujer conduce el carro.

INTERCAMBIAR ideas Conversa con un compañero sobre las partes de una oración.

Mi TURNO Encierra en un círculo y escribe.

las niñas

Instrucciones Lea en voz alta la información. Pida a los estudiantes que trabajen en parejas para identificar la parte que nombra y la parte de acción de la oración modelo. Luego, lea la oración incompleta en la parte inferior de la página. Pida a los estudiantes que corrijan la oración encerrando en un círculo la letra que debería ser mayúscula y escribiendo una palabra y un punto para completar la oración.

NARRACIÓN PERSONAL — **Leer juntos** — **TALLER DE ESCRITURA**

Puedo escribir un cuento sobre mí mismo.

Mi meta de aprendizaje

Narración personal

Una **narración personal** es un cuento verdadero sobre un suceso único o varios sucesos relacionados en la vida del escritor. El escritor usa palabras como **yo**, **mi** o **me**.

Personas	Papá y yo fuimos
Ambiente	al zoológico la semana pasada.
Argumento	Primero, vimos leones. Luego, vimos monos. Por último, vimos pingüinos.

Instrucciones Diga: Cuando leemos, comenzamos en la parte superior y nos movemos de izquierda a derecha. Cuando llegamos al final de una línea, movemos el dedo hasta la siguiente línea. Continuamos hasta llegar a la parte inferior. Pida a los estudiantes que sigan el texto, incluyendo la barrida de retorno, a medida que lee en voz alta el texto modelo. Comente los personajes del texto con los estudiantes e identifique al autor como narrador. Pídales que hablen de los sucesos principales en la vida del autor y los comenten entre ellos.

NARRACIÓN PERSONAL

Generar ideas

 Dibuja.

| Suceso posible | → | Suceso posible |

Instrucciones Diga: Los autores piensan en ideas para cuentos antes de escribir. Cuando los autores planifican una narración personal, piensan en sucesos reales de su vida sobre los que puedan escribir un cuento. Pida a los estudiantes que generen ideas para escribir mientras usted dibuja las ideas en el pizarrón. Luego, pida los estudiantes que generen ideas para sus narraciones personales dibujando en el organizador gráfico sucesos que puedan contar.

Planificar tu narración personal

Los autores organizan sus ideas antes de escribir.

Personas

Escenario

Acontecimientos

INTERCAMBIAR ideas Conversa con un compañero sobre tu narración personal.

Instrucciones Diga: *Una manera en la que los autores organizan sus ideas es conversando sobre las personas, el ambiente y el suceso antes de escribir.* Pida a los estudiantes que organicen sus ideas oralmente con un compañero conversando sobre su narración personal, incluyendo las personas, el ambiente y el suceso sobre el que escribirán.

PRESENTACIÓN DE LA SEMANA: INFOGRAFÍA

Aprender sobre el pasado

Podemos aprender del pasado de diferentes maneras.

Podemos leer sobre el pasado.

Pregunta de la semana

¿Cómo podemos aprender sobre el pasado?

Podemos estudiar objetos del pasado.

Podemos escuchar cómo era el pasado.

INTERCAMBIAR *ideas* Conversa con un compañero acerca de las maneras en las que puedes aprender sobre el pasado.

Instrucciones Lea el texto y pida a los estudiantes que miren las fotos. Pídales que describan las conexiones personales hablando con un compañero acerca de cómo pueden aprender sobre el pasado.

CONCIENCIA FONOLÓGICA | FONÉTICA

Las sílabas con h

 Empareja.

Instrucciones Señale la primera imagen y diga: Presten atención al sonido de la primera sílaba de *elefante*: *e-le-fan-te*. Ahora, presten atención al sonido de la primera sílaba de *helado*: *he-la-do*. Las dos palabras tienen el sonido /e/ en su primera sílaba. Invite a los estudiantes a identificar cada palabra ilustrada del primer conjunto. Pídales que identifiquen el sonido inicial y anímelos a dibujar líneas para emparejar las palabras que empiezan con el mismo sonido. Continúe con el segundo conjunto de imágenes.

La consonante Hh

Mi TURNO Escribe y lee.

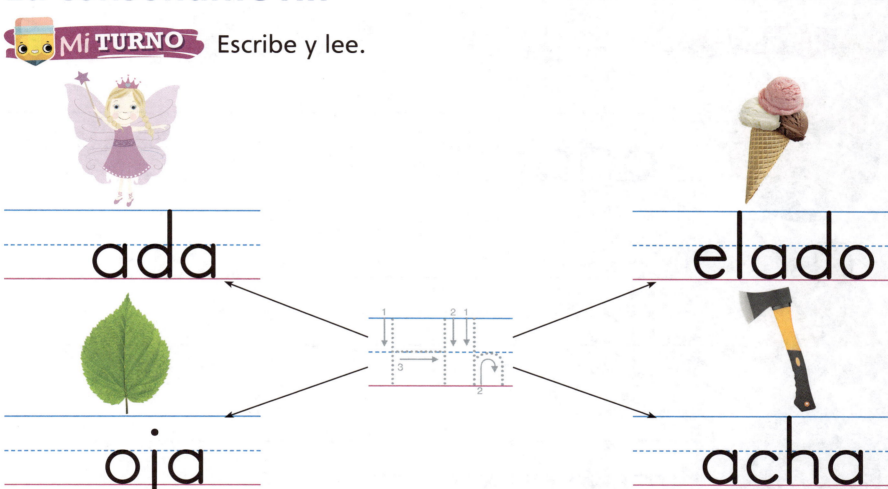

ada

oja

elado

acha

Instrucciones Pida a los estudiantes que tracen las letras *Hh* en el centro de la página. Luego, diga: La letra *h* es muda, es decir, no tiene ningún sonido. Todas estas palabras se escriben con *h* al principio. Pídales que escriban la letra *h* para completar cada palabra. Por último, pida a los estudiantes que lean las palabras en voz alta para demostrar que la *h* es muda. Explíqueles que la letra *h* es muda, excepto cuando está después de la letra *c* para formar el dígrafo *ch*, que tiene el sonido /ch/.

La consonante Hh

 Lee.

hogar

hijo

halcón

Instrucciones Invite a los estudiantes a trazar las letras en cada palabra. Luego, pídales que lean las palabras. Diga: Recuerden que la letra *h* no tiene ningún sonido, pero es una letra que aparece en muchas palabras.

Las sílabas güe, güi

 **VER Y DECIR** Encierra en un círculo.

Instrucciones Lea la siguiente oración y pida a los estudiantes que identifiquen las palabras de la oración dando una palmada por cada palabra: *Los pingüinos y las cigüeñas son aves.* Luego, diga: Presten atención al sonido de la sílaba *güe* en *cigüeña* y al sonido de la sílaba *güi* en *pingüino*. ¿Qué otras palabras tienen la sílaba *güe* que escuchamos en *cigüeña* o la sílaba *güi* que escuchamos en *pingüino*? Pídales que encierren en un círculo las imágenes cuyos nombres tienen las sílabas *güe* y *güi*.

FONÉTICA | PALABRAS DE USO FRECUENTE

La diéresis

 Encierra en un círculo.

Instrucciones Explique que los dos puntos sobre la vocal *u* se llaman diéresis. Diga: La diéresis indica que la ü en las sílabas *güe* y *güi* debe pronunciarse. Pídales que nombren las palabras ilustradas. Invítelos a trazar las sílabas *güi* y *güe*. Luego, pídales que encierren en un círculo la imagen de cada fila cuyo nombre tenga las sílabas *güe* o *güi*.

DESTREZAS FUNDAMENTALES

Mis palabras

| hecho | ahora | antigüedad |

Mis oraciones para leer

Wendy ha hecho una galleta.

Tiene la receta desde la antigüedad.

Ahora toma mucha agua.

Instrucciones Diga: Hay algunas palabras que debemos recordar y practicar. Por ejemplo, *hecho*. Pida a los estudiantes que lean las palabras de uso frecuente. Luego, invítelos a leer las oraciones y subrayar las palabras de uso frecuente en ellas.

FONÉTICA

La diéresis

 Lee.

desagüe

yegüita

pingüino

zarigüeya

CUENTO DE FONÉTICA

DESTREZAS FUNDAMENTALES

La yegüita y la zarigüeya

Resalta las palabras que tienen las sílabas güe o güi.

La yegüita bebe en el lago.
Hay poca agua en el lago.
—¡Quiero agua! —dice la zarigüeya.

AUDIO
Para escuchar y resaltar

ANOTAR

CUENTO DE FONÉTICA

—¡Este es mi lago! —dice la yegüita.

—¿Desde cuándo? —dice la zarigüeya.

—Desde la antigüedad. ¡Desde hace muchos años! —dice la yegüita.

DESTREZAS FUNDAMENTALES

Subraya las palabras que tienen la consonante **h**.

—¿Y si te doy un galleta? —dice la zarigüeya—. La he hecho yo.

—Está bien —dice la yegüita—. ¡Ahora bebamos y comamos juntas!

FONÉTICA

La consonante Hh y la diéresis

 Lee con un compañero.

 hamaca   yegüita   hora   humo

 hecho   cigüeña   hoja   búho

 Dibuja.

Instrucciones Recuerde a los estudiantes que la *h* es una letra muda, o que no tiene sonido, excepto cuando va después de la *c* y forma el dígrafo *ch* que tiene el sonido /ch/, y que la diéresis indica que hay que pronunciar la *ü* en las sílabas *güe* y *güi*. Pida a los estudiantes que se turnen para leer las palabras a un compañero. Luego, invítelos a hacer un dibujo para ilustrar una de las palabras que leyeron.

DESTREZAS FUNDAMENTALES

La consonante Hh y la diéresis

 Lee, subraya y encierra en un círculo.

La cigüeña es un ave.

Los pingüinos viven en el Polo Sur.

Mi gato se llama Homero.

Es la hora de comer.

Instrucciones Recuerde a los estudiantes que la *h* es una letra muda, o que no tiene sonido, excepto cuando está después de la letra *c* para formar el dígrafo *ch*, que tiene el sonido /ch/, y que la diéresis indica que hay que pronunciar la *ü* en las sílabas *güe* y *güi*. Diga: Lean las cuatro oraciones. Luego, subrayen las palabras con la letra *h* y encierren en un círculo las palabras con diéresis.

65

GÉNERO: NO FICCIÓN NARRATIVA

 Mi meta de aprendizaje Puedo leer no ficción narrativa.

ENFOQUE EN EL GÉNERO

No ficción narrativa

La **no ficción narrativa** cuenta hechos de la vida real.

- Neil Armstrong fue a la Luna.
- Él trajo rocas de la Luna.

INTERCAMBIAR ideas ¿Son hechos estas oraciones? ¿Cómo lo sabes? Conversa con tu compañero.

Instrucciones Recuerde a los estudiantes que la no ficción narrativa cuenta un cuento sobre personas lugares y sucesos reales. Diga: La no ficción narrativa habla de hechos sobre personas, lugares y sucesos reales. Un hecho es información que puede comprobarse como real. Pida a parejas de estudiantes que comenten cómo saben que los enunciados describen hechos.

TALLER DE LECTURA

Cartel de referencia: No ficción narrativa

Idea principal

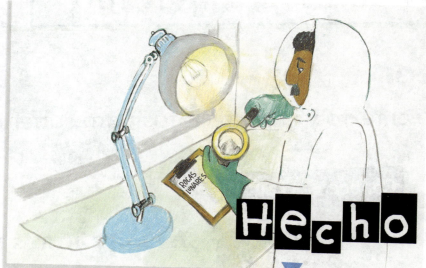

Neil Armstrong nos ayudó a aprender sobre la Luna.

VOCABULARIO

Descubrir el pasado
Primer vistazo al vocabulario

palas | pasado | brochas | científicos

Leer

Lee el texto y mira las fotos para saber cómo podemos aprender del pasado.

Jennifer Torres trabaja como periodista y escribe cuentos que nos hablan de nuestro mundo y de nosotros mismos. También escribe libros para niños.

Leer juntos

Género No ficción narrativa

Descubrir el pasado

escrito por Jennifer Torres
ilustrado por Lisa Fields

 AUDIO
Para escuchar y resaltar

 ANOTAR

69

Un día, en México, unos trabajadores estaban excavando.
Estaban cerca de una colina.

LECTURA ATENTA

¿Cómo se sintieron los trabajadores cuando golpearon la piedra? Resalta las palabras que te ayudan a responder a la pregunta.

¡Oh, no! Golpearon una piedra que no se movía. Pararon de excavar.

La piedra era rosada. Parecía muy vieja.
Los científicos vinieron a verla.

LECTURA ATENTA

¿Por qué crees que los científicos leyeron libros? Resalta las palabras que responden a la pregunta.

Tenían palas y brochas pequeñas.
Examinaron la piedra.
Leyeron libros.

Los científicos descubrieron que la piedra era parte de una muralla antigua.
La muralla era parte de un estadio para deportes.

VOCABULARIO EN CONTEXTO

¿Qué significa la palabra **estadio**? Resalta las palabras que te ayudan a comprender su significado.

Hace mucho tiempo las personas practicaban deportes en el estadio. Usaban una pelota de goma negra.

¡Los científicos estaban muy emocionados!
Descubrieron otras partes del estadio.

LECTURA ATENTA

¿Cuál es la idea principal del texto? Subraya la oración que dice la idea principal.

Estudiar cosas antiguas nos puede enseñar acerca del pasado.

VOCABULARIO

Desarrollar el vocabulario

Mi TURNO Empareja.

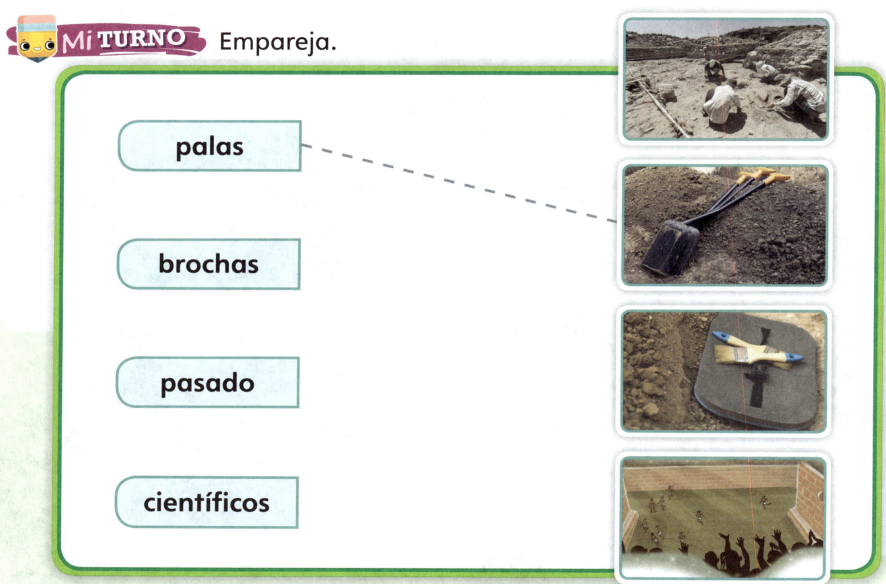

- palas
- brochas
- pasado
- científicos

Instrucciones Lea las palabras a los estudiantes. Luego, pídales que dibujen una línea para unir cada palabra con la imagen que representa su significado.

COMPRENSIÓN  **TALLER DE LECTURA**

Verificar la comprensión

 Encierra en un círculo y escribe.

1. ¿De quién trata el texto principalmente?

   | estudiantes | científicos |

2. ¿Cómo ayudan las imágenes a la autora a contar el cuento?

   _____
   _____

3. ¿Por qué están emocionados los científicos con la muralla?

   _____
   _____

Instrucciones Lea en voz alta la pregunta 1 y las opciones de respuesta a los estudiantes. Pídales que encierren en un círculo la respuesta. Luego, lea en voz alta las preguntas 2 y 3 y pida a los estudiantes que escriban sus respuestas. Recuérdeles que usen evidencia del texto.

LECTURA ATENTA

Identificar la idea principal y los detalles de apoyo

La **idea central**, o **principal**, es de lo que trata el texto principalmente. La **evidencia de apoyo**, o detalles clave, dice más acerca de la idea principal.

 Encierra en un círculo y escribe.

Instrucciones Lea en voz alta la información y pida a los estudiantes que regresen a lo que subrayaron en el texto. Pídales que escriban la idea principal del texto con sus propias palabras. Luego, pida a los estudiantes que encierren en un círculo la imagen que apoya la idea principal.

Hacer inferencias

 **Mi TURNO** Dibuja y encierra en un círculo.

RESPONDER AL TEXTO

Reflexionar y comentar

Mi TURNO Escribe.

Pregunta de la semana

¿Cómo podemos aprender sobre el pasado?

Instrucciones Diga: *Pueden responder a un texto escribiendo acerca de lo que han aprendido.* Pida a los estudiantes que escriban una cosa que hayan aprendido sobre el pasado al leer este texto, y una cosa que hayan aprendido sobre el pasado de otro texto que hayan leído.

VOCABULARIO  **PUENTE ENTRE LECTURA Y ESCRITURA**

Puedo usar palabras para hablar sobre no ficción narrativa.

Mi meta de aprendizaje

Vocabulario académico

| tiempo | cambiar | descubrir | tradición |

 Empareja.

tradición   hallar

descubrir   costumbre

Instrucciones Lea las palabras y pida a los estudiantes que dibujen una línea para emparejar cada palabra de la izquierda con la palabra de la derecha que tenga un significado similar.

83

ORTOGRAFÍA

Ortografía

Mi TURNO Clasifica y deletrea.

| hueso | windsurf | xilófono | zapato |

Zz   Hh   Xx   Ww

Instrucciones Lea las palabras con los estudiantes. Recuérdeles que la *h* es una letra muda, o sin sonido excepto cuando está después de la letra *c* para formar el dígrafo *ch*, que tiene el sonido /ch/. Luego, pídales que tracen las letras en las líneas. Por último, anímelos a emparejar cada letra con la palabra que comienza con esa letra.

TÉCNICA DEL AUTOR  PUENTE ENTRE LECTURA Y ESCRITURA

Leer como un escritor, escribir para un lector

 Escribe.

1. ¿Qué palabras usa la autora para ayudarte a imaginar la pelota?

   _____
   _____
   _____

2. Imagina que eres la autora. ¿Qué palabra podrías usar para ayudar a los lectores a imaginar el estadio?

   _____
   _____
   _____

Instrucciones Recuerde a los estudiantes que los autores usan palabras que ayudan a los lectores a visualizar o imaginar en sus mentes lo que está sucediendo. Lea las preguntas una por una y pídales que escriban sus respuestas. Recuérdeles volver al texto.

LENGUAJE Y NORMAS

Los tipos de oraciones

Las oraciones enunciativas cuentan algo.

Las oraciones interrogativas hacen una pregunta.

Las oraciones exclamativas expresan emociones intensas.

Ellos practican un deporte. ¿Es negra la pelota? ¡Ganaron!

 Encierra en un círculo y escribe.

jugamos al béisbol ___

Instrucciones Diga: Todas las oraciones comienzan con una letra mayúscula. Las oraciones enunciativas terminan con un punto. Las oraciones interrogativas comienzan y terminan con un signo de interrogación. Las oraciones exclamativas comienzan y terminan con un signo de exclamación. Lea la oración de la parte inferior de la página. Pida a los estudiantes que corrijan la oración encerrando en un círculo la letra que debe ser mayúscula y escribiendo el signo de puntuación correcto al final.

NARRACIÓN PERSONAL | **TALLER DE ESCRITURA**

Puedo escribir un cuento sobre mí mismo.

Mi meta de aprendizaje

Escribir un ambiente

El **ambiente,** o escenario, es dónde y cuándo tiene lugar una narración.

Mi TURNO Encierra en un círculo.

Instrucciones Diga: En una narración personal, el ambiente, o escenario, es un lugar real en el que alguna vez han estado. Pida a los estudiantes que digan lo que ven en cada imagen. Pídales que encierren en un círculo las imágenes que muestran un ambiente del que puedan hablar en una narración personal. Guíe a los estudiantes para dictar o escribir el ambiente de su narración personal.

NARRACIÓN PERSONAL

El narrador

El **narrador** es la persona que está contando el cuento.

El narrador habla sobre las personas, el ambiente y los sucesos.

 Tacha y dibuja.

Instrucciones Diga: Generalmente el narrador de una narración personal es el autor. Una narración incluye a personas, lugares y uno o varios sucesos que le son familiares al autor. Pida a los estudiantes que miren a las personas de las fotos e identifiquen quién podría estar en una narración sobre sí mismos. Pídales que dibujen una X sobre la persona que no podría estar. Luego, pida a los estudiantes que dibujen una imagen de otra persona de la que podrían hablar en una narración sobre sí mismos.

TALLER DE ESCRITURA

Escribir un argumento

El **argumento** está compuesto por los sucesos principales en una narración.

Los sucesos pueden hablar de un problema y su solución.

 Dibuja.

Instrucciones Recuerde a los estudiantes que un problema es algo que se debe resolver en una narración y la solución es cómo se resuelve el problema. Pida a los estudiantes que expliquen el problema que se muestra en la fotografía. Luego, pídales que escriban el argumento dibujando una solución al problema. Guíe a los estudiantes para dictar o escribir el argumento para su narración personal.

PRESENTACIÓN DE LA SEMANA: LÍNEA CRONOLÓGICA

Los cambios del teléfono

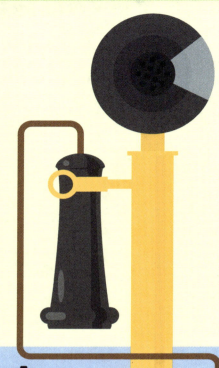

Los inventos cambian nuestras vidas. Los nuevos teléfonos hacen que sea más fácil comunicarse.

Pasado

Este es uno de los primeros teléfonos. ¡No tenía números! Las operadoras ayudaban a las personas a hacer llamadas telefónicas.

Pregunta de la semana

¿Cómo ha cambiado la comunicación con el tiempo?

Este es un teléfono actual. Las personas hacen llamadas con teléfonos inteligentes. ¡Las personas también hacen otras cosas con sus teléfonos!

Presente

INTERCAMBIAR *ideas* Conversa con un compañero sobre cómo ha cambiado la comunicación.

Instrucciones Lea el texto y pida a los estudiantes que miren las fotos. Pídales que conversen sobre cómo los diferentes teléfonos han cambiado la manera en que se comunican las personas.

CONCIENCIA FONOLÓGICA | FONÉTICA

La sílaba tónica: Palabras agudas

 Encierra en un círculo.

Instrucciones Diga: La sílaba tónica, o la sílaba acentuada, es la sílaba que se pronuncia con más fuerza en una palabra. Por ejemplo, la última sílaba de *avión* es su sílaba tónica. *Avión* es una palabra aguda porque su última sílaba es la sílaba tónica. Repita las sílabas que forman la palabra *avión*, dando una palmada al pronunciar la sílaba tónica. Pida a los estudiantes que separen y cuenten las sílabas de cada palabra ilustrada e identifiquen la sílaba tónica. Luego, pídales que encierren en un círculo las imágenes de las palabras ilustradas cuya sílaba tónica sea la última sílaba.

DESTREZAS FUNDAMENTALES

El acento escrito: Palabras agudas

 Lee, encierra en un (círculo) y escribe.

 limón

 arroz

 sofá

 bebé

 jabalí

Instrucciones Pida a los estudiantes que nombren cada imagen. Diga: El acento escrito, o la tilde, es una marca que se coloca sobre una vocal para indicar la sílaba tónica. Pida a los estudiantes que lean cada palabra e identifiquen la sílaba tónica. Luego, pídales que encierren en un círculo las palabras con acento escrito. Por último, pídales que escriban las palabras en las líneas.

FONÉTICA | CONCIENCIA FONOLÓGICA

El acento escrito: Palabras agudas

 Lee y encierra en un (círculo).

   piña   salmón

papá   café   papa

Instrucciones Pida a los estudiantes que lean las palabras. Luego, pídales que identifiquen las palabras que tienen acento escrito, o tilde. Recuérdeles que el acento escrito, u ortográfico, indica la sílaba que se pronuncia con más énfasis en una palabra. Luego, pregunte: ¿Qué dos palabras en la página se escriben casi igual, pero una lleva tilde y la otra no? ¿Cómo se pronuncia cada una? Asegúrese de que los estudiantes entienden la diferencia de pronunciación entre *papa* y *papá*.

La sílaba tónica: Palabras graves

DESTREZAS FUNDAMENTALES

 **VER y DECIR** Encierra en un círculo.

Instrucciones Recuerde a los estudiantes lo que es la sílaba tónica, o la sílaba acentuada. Luego, pídales que nombren las palabras ilustradas, las separen en sílabas e identifiquen la sílaba tónica en cada una. Diga: *Ga-to es una palabra de dos sílabas. Su penúltima sílaba, ga, es su sílaba tónica, o sílaba acentuada. Las palabras con acento en la penúltima sílaba, como gato, se llaman palabras graves.* Ayúdelos a identificar la sílaba tónica en cada caso. Luego, repita todas las palabras y pida a los estudiantes que encierren en un círculo las palabras graves.

FONÉTICA | PALABRAS DE USO FRECUENTE

El acento escrito: Palabras graves

 Empareja y encierra en un (círculo).

lápiz

   loro

niño   árbol

azúcar   bandera

Instrucciones Lea las palabras en voz alta y explique a los estudiantes que todas son palabras graves, aunque no todas lleven tilde. Pida a los estudiantes que lean las palabras y dibujen una línea para emparejar cada una con la imagen correspondiente. Luego, pídales que encierren en un círculo las palabras graves que llevan tilde.

DESTREZAS FUNDAMENTALES

Mis palabras

| sé | llamó | teléfono |

Mis oraciones para leer

Ya sé qué pasó.

José tomó el teléfono.

Llamó a su mamá.

Instrucciones Señale cada palabra a medida que las lee en voz alta con los estudiantes. Luego, pídales que lean las oraciones y subrayen las palabras de uso frecuente. Diga: Ahora, escriban una de estas palabras en las líneas. Recuerde a los estudiantes que se aseguren de dar la forma correcta a cada letra al escribir la palabra.

FONÉTICA

El acento escrito: Palabras graves

 Lee y escribe.

dólar

túnel

árbol

Instrucciones Pida a los estudiantes que identifiquen las imágenes. Lea las palabras y explique que las tres son palabras graves que llevan tilde, o acento escrito. Invite a los estudiantes a trazar las vocales con tilde que faltan en cada caso. Luego, pídales que escriban cada palabra en las líneas.

CUENTO DE FONÉTICA

DESTREZAS FUNDAMENTALES

José llama por teléfono

Resalta las palabras que tienen **acento escrito**.

José llamó por teléfono a su mamá.
—¡Hola, mamá! —dice José—.
¿Cuándo vienes?
La mamá de José está en México.

AUDIO
Para escuchar y resaltar

ANOTAR

CUENTO DE FONÉTICA

—¡Hola, José! —dice la mamá—.
No lo sé. La tía Lupita no está bien.
—¿Qué pasa? —dice el papá de José.

DESTREZAS FUNDAMENTALES

Resalta las palabras que tienen **acento escrito.**

—La tía Lupita no está bien —dice José.

El papá de José toma el teléfono.

—Hoy vamos a México —dice el papá—. Yo te ayudo. José te ayuda.

FONÉTICA

El acento escrito: Palabras agudas y graves

 Lee con un compañero.

  papá   limón   bebé

  lápiz   árbol   azúcar

  sofá   salmón   jabalí

  túnel   dólar   difícil

Instrucciones Recuerde a los estudiantes que el acento escrito es una marca que llevan algunas palabras sobre una de sus vocales para indicar cuál es la sílaba tónica de esa palabra. Explique: Las palabras de las filas verdes son agudas porque tienen acento escrito en la última sílaba. Las palabras de las filas anaranjadas son graves porque tiene acento escrito en la penúltima sílaba. Pida a los estudiantes que formen parejas y se turnen para leer las palabras agudas y graves.

El acento escrito: Palabras agudas y graves

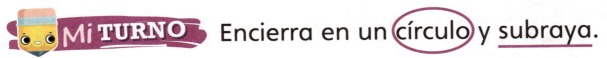 Encierra en un círculo y subraya.

(Papá) toma el café con a_z_ú_c_a_r_.

Cayó un limón del árbol.

El auto pasó por un túnel.

GÉNERO: FICCIÓN

Mi meta de aprendizaje — Puedo leer sobre el pasado.

Ficción

La **ficción** es un cuento inventado.
Tiene un ambiente, personajes y un argumento.

Ambiente — Era sábado.

Personajes — Dan estaba en casa.

Argumento — Quería invitar a Ben a una fiesta la semana que viene.

Pero su teléfono no funcionó.

Así que Dan le envió a Ben una carta.

INTERCAMBIAR ideas ¿En qué se parece la ficción a la no ficción narrativa? Coméntalo con un compañero.

Instrucciones Lea en voz alta la información del género y revise el ambiente, los personajes y el argumento con los estudiantes. Luego, lea en voz alta el texto modelo. Pida a parejas de estudiantes que comparen el cuento de ficción con el cuento de no ficción narrativa.

TALLER DE LECTURA

Cartel de referencia: Ficción

Ambiente

Lugar

Momento

Domingo	Lunes	Martes	Miércoles	Jueves	Viernes	Sábado
	1	2	3	4	5	6
7	8	9	10	11	12	13
14	15	16	17	18	19	20
21	22	23	24	25	26	27
28	29	30				

VOCABULARIO

El teléfono de la abuela

Primer vistazo al vocabulario

granja

visita

calabaza

Leer

Lee este cuento para averiguar qué sucede cuando un teléfono celular no funciona.

Conoce al autor

Ken Mochizuki fue actor antes de comenzar a escribir libros para niños. Cuando era niño le gustaba contar cuentos de miedo alrededor de una hoguera de campamento.

El teléfono de la abuela

escrito por Ken Mochizuki
ilustrado por Olga Skomorokhova

La abuela y el abuelo viven en una granja.
Juan fue de visita.

LECTURA ATENTA

¿Dónde sucede el cuento? Subraya las palabras que nombran el ambiente. Usa la imagen también.

Juan encontró una calabaza gigante.
—¡Quiero contarle a mamá! —dijo.

Juan trató de llamar a mamá.
Su teléfono no funcionó.

LECTURA ATENTA

Imagina cómo se siente Juan acerca de su teléfono. ==Resalta== las palabras que te ayudan.

Juan trató de llamar a mamá.
Su teléfono todavía no funcionaba.

—Toma —dijo la abuela.
—¿Qué es eso? —preguntó Juan.

—Es un teléfono —dijo la abuela.
—¿Funciona? —preguntó Juan.

Juan llamó a su mamá.
¡El teléfono de la abuela funcionaba!

LECTURA ATENTA

Imagina cómo se siente Juan acerca del teléfono de la abuela. Resalta las palabras que te ayudan.

—Mamá —dijo Juan.
Juan se olvidó de la calabaza.
—¡Tienes que ver el estupendo teléfono de la abuela!

VOCABULARIO

Desarrollar el vocabulario

| granja | visita | calabaza |

 Dibuja y escribe.

Instrucciones Lea las palabras del vocabulario a los estudiantes y comente el significado de cada palabra. Luego, pida a los estudiantes que escojan una palabra del vocabulario para ilustrarla. Pídales que rotulen su imagen escribiendo la palabra del vocabulario en las líneas.

COMPRENSIÓN  TALLER DE LECTURA

Verificar la comprensión

 Escribe.

1. ¿Podría suceder este cuento en la realidad?

2. ¿Cómo describe el problema el autor?

3. ¿Cómo solucionan el problema los personajes?

Instrucciones Lea las preguntas en voz alta y pida a los estudiantes que escriban sus respuestas en las líneas. Recuérdeles que usen evidencia del texto.

LECTURA ATENTA

Describir el ambiente

El **ambiente** es cuándo y dónde tiene lugar un cuento.

 Escribe y encierra en un círculo.

Instrucciones Lea en voz alta la información. Pida a los estudiantes que escriban dónde sucede el cuento en la primera fila y que encierren en un círculo la imagen que muestra detalles sobre dónde sucede el cuento. Continúe con la segunda fila y pida a los estudiantes que escriban cuándo sucede el cuento. Recuerde a los estudiantes que revisen lo que subrayaron en el texto.

TALLER DE LECTURA

Visualizar los detalles

 Dibuja.

Instrucciones Recuerde a los estudiantes que pueden visualizar, o crear una imagen en su mente, mientras leen. Pregunte: ¿Cómo se siente Juan cuando su teléfono celular no funciona? ¿Cómo se siente con el teléfono de la abuela? Pida a los estudiantes que miren lo que resaltaron y comenten las palabras que usan los autores para ayudar a visualizar los sucesos. Pídales que piensen en los sucesos y que hagan un dibujo de lo que visualizan.

RESPONDER AL TEXTO

Reflexionar y comentar

INTERCAMBIAR *ideas* ¿Cómo han cambiado los teléfonos? ¿Cómo han cambiado los carros? Conversa con tu compañero.

Pregunta de la semana

¿Cómo ha cambiado la comunicación con el tiempo?

Instrucciones Diga a los estudiantes que leyeron acerca de cómo han cambiado los teléfonos. Recuérdeles que también leyeron sobre cómo han cambiado los carros. Diga: Pueden responder a los textos que han leído conversando sobre lo que aprendieron. Pida a los estudiantes que respondan a las fuentes mientras comentan en qué se diferencian los teléfonos y los carros del pasado de los teléfonos y los carros de hoy en día.

VOCABULARIO  PUENTE ENTRE LECTURA Y ESCRITURA

Puedo usar palabras para hacer conexiones.

Mi meta de aprendizaje

Vocabulario académico

| tiempo | cambiar | descubrir | tradición |

Mi TURNO Escribe.

Las hojas _____ de color en otoño.

Ver los fuegos artificiales es mi _____ favorita.

Instrucciones Lea las oraciones a los estudiantes. Pídales que usen las claves del contexto para determinar qué palabra completa mejor cada oración. Pida a los estudiantes que respondan escribiendo las palabras en las líneas.

Ortografía

 Clasifica.

| máscara | silla | jamón |
| perro | azul | lápiz |

TÉCNICA DEL AUTOR

PUENTE ENTRE LECTURA Y ESCRITURA

Leer como un escritor, escribir para un lector

 Escribe.

1. ¿Qué palabras te ayudaron a saber que este es un texto en tercera persona?

2. ¿Qué más hace Juan en la granja? Usa palabras como **Juan** o **él** para hablar del suceso.

Instrucciones Recuerde a los estudiantes que un narrador cuenta un cuento. Diga: A veces, el narrador no es un personaje del cuento. El narrador usa los nombres de los personajes y palabras como *su* o *ella* para hablar sobre los sucesos. Pida a los estudiantes que escuchen y experimenten el texto en tercera persona mientras lee una página del cuento. Luego, lea las preguntas y pídales que escriban sus respuestas.

LENGUAJE Y NORMAS

La puntuación

Las oraciones enunciativas terminan con punto final.
Las oraciones interrogativas comienzan y terminan con signos de interrogación.
Las oraciones exclamativas comienzan y terminan con signos de exclamación.

Aldo quiere una calabaza.
¿Cuál es la mejor?
¡Es muy pesada!

 Escribe.

_____ Me encantan las calabazas _____

Las calabazas son anaranjadas _____

Instrucciones Lea la información a los estudiantes. Luego, lea las oraciones exclamativa y enunciativa en la parte inferior de la página. Pida a los estudiantes que corrijan las oraciones escribiendo los signos de puntuación correctos al comienzo o al final de cada una.

NARRACIÓN PERSONAL  **TALLER DE ESCRITURA**

Puedo escribir un cuento sobre mí mismo.

Mi meta de aprendizaje

Qué sucede primero

El principio de una narración personal dice qué sucede primero.
Con frecuencia habla acerca de un problema.

 Dibuja.

Instrucciones Diga: Los autores organizan las ideas en una narración personal. Hablan de los sucesos en el orden en que sucedieron. Pida a los estudiantes que piensen en lo que sucede primero en su narración personal. Pídales que organicen sus ideas dibujando lo que sucede primero.

NARRACIÓN PERSONAL

Qué sucede después

El medio de una narración personal habla de qué sucede después.

 Dibuja.

Instrucciones Recuerde a los estudiantes que los autores organizan sus ideas contando los sucesos en el orden en que sucedieron. Pida a los estudiantes que piensen en lo que sucede después en su narración personal. Pídales que organicen sus ideas dibujando lo que sucede después.

Qué sucede al final

El final de una narración personal dice qué sucede al final. Con frecuencia cuenta la solución.

 Dibuja.

PRESENTACIÓN DE LA SEMANA: INFOGRAFÍA

Antes y ahora

La vida era diferente para los niños en el pasado.

Hace mucho tiempo, muchos niños aprendían en escuelas que solo tenían un salón.

Pregunta de la semana

¿Cómo era la vida en el pasado?

Muchos niños jugaban con juguetes hechos a mano.

 Escribe.

_____

- - - - - - - - - - - - - - - - - - -

_____

Instrucciones Lea el texto y pida a los estudiantes que miren las fotos. Pídales que comenten en qué se diferencia la vida en el pasado de la vida actual. Luego, pida a los estudiantes que interactúen con la fuente escribiendo acerca de la manera en que su vida sería diferente si vivieran en el pasado.

CONCIENCIA FONOLÓGICA | FONÉTICA

La sílaba tónica: Palabras esdrújulas

 Encierra en un círculo.

Instrucciones Recuerde a los estudiantes que la sílaba tónica es la sílaba que se pronuncia con más fuerza en una palabra. Pida a los estudiantes que separen cada palabra ilustrada en sílabas e identifiquen la sílaba tónica. Diga: La palabra *pájaro* tiene tres sílabas: *pá-ja-ro*. La sílaba *pá* es la sílaba que se pronuncia más fuerte. *Pá* es la sílaba tónica de *pájaro*. La sílaba tónica de *pájaro* está en la antepenúltima sílaba, por tanto, *pájaro* es una palabra esdrújula. Luego, pida a los estudiantes que encierren en un círculo las palabras ilustradas que tienen la sílaba tónica en la antepenúltima sílaba.

El acento escrito: Palabras esdrújulas

 Lee y escribe.

| collar | página | maleta | número |

6

FONÉTICA | PALABRAS DE USO FRECUENTE

El acento escrito: Palabras esdrújulas

 Lee y escribe.

túnica   cómico   mágico

sábado   fábula   cálido

Instrucciones Pida a los estudiantes que lean las palabras de la primera fila. Diga: Lean la palabra *túnica*. ¿Qué notan sobre la sílaba *tú*? La sílaba *tú* tiene una marca. Esta marca se llama tilde, o acento escrito, e indica que la sílaba *tú* se debe pronunciar con más fuerza. *Túnica* es una palabra esdrújula: su sílaba tónica es la antepenúltima. Todas las palabras esdrújulas se escriben con acento escrito. Luego, pídales que escriban las palabras esdrújulas en las líneas.

DESTREZAS FUNDAMENTALES

Mis palabras

| difícil | luchó | nación |

Mis oraciones para leer

La hormiga vive en la nación de las hormigas.

Rita luchó contra el oso hormiguero.

¡Fue difícil ganar!

Instrucciones Diga: Algunas palabras, como *nación*, hay que recordarlas y practicarlas. Pida a los estudiantes que lean las palabras de uso frecuente. Luego, pídales que lean las oraciones y subrayen las palabras de uso frecuente.

FONÉTICA

El acento escrito: Palabras agudas, graves y esdrújulas

 Empareja.

lámpara

árbol

sofá

limón

títere

lápiz

Instrucciones Recuerde a los estudiantes que el acento escrito es una marca sobre la vocal de una sílaba que indica que la sílaba se debe pronunciar con más fuerza. Pida a los estudiantes que separen e identifiquen las sílabas de cada palabra ilustrada. Diga: La palabra *lámpara* tiene tres sílabas: *lám*, *pa* y *ra*. La sílaba *lám* tiene un acento escrito. El acento escrito de *lámpara* está en la antepenúltima sílaba. ¿Qué otra palabra tiene el acento escrito en la antepenúltima sílaba? Luego, pida a los estudiantes que emparejen las palabras según la posición de la sílaba donde está el acento escrito.

CUENTO DE FONÉTICA

DESTREZAS FUNDAMENTALES

La hormiga Rita y el oso Latoso

Resalta las palabras que tienen acento escrito.

Un día, el oso Latoso llegó a una nación.

Era la nación de las hormigas.

Latoso come hormigas.

—¡Es difícil contar hormigas! —dijo Latoso.

CUENTO DE FONÉTICA

—Vamos todos —dijo Rita la hormiga.

Las hormigas formaron una pelotota.

—¡Latoso! —llamó Rita al oso—.
Hoy no nos comerás.

DESTREZAS FUNDAMENTALES

Resalta las palabras que tienen **acento escrito.**

Latoso no se pudo comer la pelotota. Latoso se fue de allí.

Así fue cómo Rita luchó por su nación.

FONÉTICA

El acento escrito: Palabras agudas, graves y esdrújulas

Mi TURNO Lee, escribe y empareja.

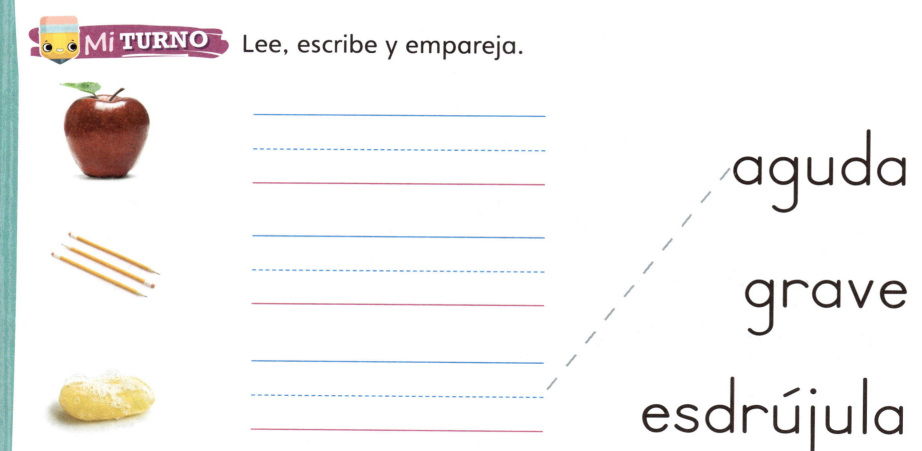

El acento escrito: Palabras agudas, graves y esdrújulas

 Lee y subraya.

El pájaro canta en el árbol.

Mi mamá usa la cámara.

El águila voló alto.

Ana y yo jugamos al fútbol.

GÉNERO: NO FICCIÓN NARRATIVA

 Mi meta de aprendizaje Puedo leer no ficción narrativa.

ENFOQUE EN EL GÉNERO

No ficción narrativa

Una **biografía** en un tipo de no ficción narrativa. Habla de sucesos importantes en la vida de una persona. Puede mostrar cuándo ocurrieron los sucesos en una **línea cronológica**.

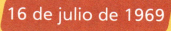 16 de julio de 1969   20 de julio de 1969

INTERCAMBIAR ideas Conversa con un compañero acerca de los acontecimientos en la línea cronológica.

Instrucciones Lea la información del género a los estudiantes. Diga: La no ficción narrativa puede usar títulos y elementos gráficos, como líneas cronológicas e imágenes, para dar información sobre personas, lugares y sucesos. Pida a parejas de estudiantes que comenten los sucesos de la línea cronológica.

TALLER DE LECTURA

Cartel de referencia: No ficción narrativa

El astronauta ← Título

Imagen

| 16 de julio de 1969 | 20 de julio de 1969 |

Línea cronológica

VOCABULARIO

Cambiar leyes, cambiar vidas: Martin Luther King, Jr.

Primer vistazo al vocabulario

| país | marchas | discursos | leyes |

Leer

Lee el título y el texto y mira las fotos para aprender cómo Martin Luther King, Jr. ayudó a nuestro país.

Eric Velásquez ha escrito e ilustrado cuentos por más de treinta años. También enseña arte y visita escuelas. Le gusta mucho dibujar a la gente en su cuaderno de dibujo.

Leer juntos

Género | No ficción narrativa

Cambiar leyes, cambiar vidas: Martin Luther King, Jr.

escrito por Eric Velásquez

 AUDIO
Para escuchar y resaltar

 ANOTAR

Martin Luther King, Jr. nació en 1929.
Vivió en Atlanta, Georgia.
Martin fue un hombre importante.

Durante su vida, vio el trato injusto que se les daba a los afroamericanos. Quería ayudarlos.

A los afroamericanos nos se les permitía beber de algunas fuentes.
Tampoco podían comer en algunas mesas.

LECTURA ATENTA

¿Cómo trataban a los afroamericanos en los restaurantes hace mucho tiempo? Resalta las palabras.

No podían sentarse al frente en un autobús. ¡Ni siquiera podían jugar con algunos de sus amigos!

Martin estaba triste.
Quería cambiar las cosas.
Hizo marchas. Dio discursos.

LECTURA ATENTA

¿Cómo se trata a las personas en los restaurantes hoy en día? Resalta las palabras. Usa las fotos también.

Ahora las personas beben de cualquier fuente. Las personas comen en cualquier mesa.

Las personas se sientan en donde quieren en los autobuses.

Cualquiera puede ser amigo de quien sea.

Martin mejoró nuestro país.

LECTURA ATENTA

Subraya las partes de la línea cronológica que dicen cuándo ocurrieron los sucesos.

Línea cronológica: Martin Luther King, Jr.

1929	1955	1963	1964	1965	1968
Nace en Atlanta.	Dirige un boicot.	Da el famoso discurso "Tengo un sueño".	Recibe el Premio Nobel de la Paz.	Marcha en una protesta.	Muere en Memphis.

VOCABULARIO

Desarrollar el vocabulario

| país | marchas | discursos | leyes |

INTERCAMBIAR ideas Usa las palabras del vocabulario para conversar con un compañero sobre las fotos.

Mi TURNO Escribe.

Instrucciones Lea en voz alta las palabras del vocabulario y pida a los estudiantes que usen las palabras para conversar con un compañero sobre las fotos. Luego, pida a los estudiantes que dicten o escriban una oración usando al menos una palabra del vocabulario.

COMPRENSIÓN  TALLER DE LECTURA

Verificar la comprensión

 Escribe.

1. ¿Cómo sabes que esto es una biografía?

2. ¿Cómo describe el autor a Martin?

3. ¿Por qué quería Martin cambiar las cosas?

Instrucciones Lea cada pregunta en voz alta y pida a los estudiantes que escriban sus respuestas. Recuérdeles que usen evidencia del texto.

LECTURA ATENTA

Identificar los elementos del texto

Los **elementos del texto** ayudan a los lectores a obtener información.

Un tipo de elemento del texto es la línea cronológica.

Una **línea cronológica** muestra cuándo ocurren los sucesos.

 Dibuja y escribe.

TALLER DE LECTURA

Comprender nuevos conceptos

 Dibuja.

Instrucciones Diga a los estudiantes que pueden combinar los detalles que leen en un texto para aprender algo nuevo. Pídales que resuman la información del texto para comprender cómo ha cambiado la vida. Pida a los estudiantes que hagan dibujos que muestren cómo era la vida en el pasado y cómo ha cambiado. Recuérdeles que revisen lo que resaltaron.

RESPONDER AL TEXTO

Reflexionar y comentar

Mi TURNO Escribe.

1. _____

2. _____

Pregunta de la semana

¿Cómo era la vida en el pasado?

VOCABULARIO  **PUENTE ENTRE LECTURA Y ESCRITURA**

Puedo usar palabras para hablar de no ficción narrativa. **Mi meta de aprendizaje**

Vocabulario académico

| tiempo | cambiar | descubrir | tradición |

Mi TURNO Encierra en un (círculo).

Hicimos un _____ de barajitas.

| recambio | intercambio |

Mamá llegó tarde porque tuvo un _____.

| contratiempo | sobretiempo |

Instrucciones Diga: Añadir una parte de palabra a una palabra cambia su significado. El prefijo *inter-* quiere decir "entre varios". El prefijo *re-* quiere decir "repetición". El prefijo *contra-* quiere decir "lo contrario". El prefijo *sobre-* quiere decir "por encima de". Lea las oraciones a los estudiantes. Pídales que encierren en un círculo la forma correcta de la palabra para completar la oración.

Ortografía

 Clasifica y escribe.

brócoli	cómico	balcón
jabón	débil	lápiz

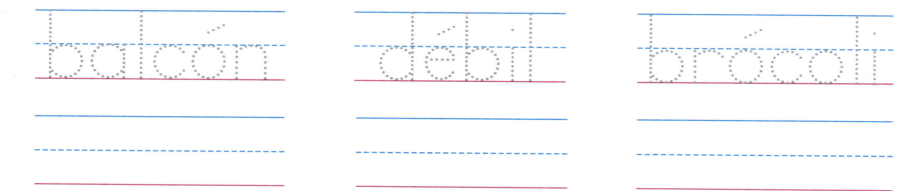

TÉCNICA DEL AUTOR

PUENTE ENTRE LECTURA Y ESCRITURA

Leer como un escritor, escribir para un lector

 Escribe.

1. Busca palabras en el texto que digan por qué el autor piensa que Martin fue una persona importante.

2. ¿Por qué piensas que Martin fue una persona importante?

Instrucciones Diga: A veces los autores dicen lo que piensan acerca de alguien o algo. Dan razones para apoyar sus ideas. Lea la primera pregunta a los estudiantes y pídales que vuelvan al texto para buscar una respuesta. Luego, lea la segunda pregunta y pida a los estudiantes que escriban su respuesta. Recuérdeles que usen evidencia del texto.

LENGUAJE Y NORMAS

Las palabras para hacer preguntas

Una pregunta comienza con un signo de interrogación y una palabra para hacer preguntas.

Una pregunta termina con un signo de interrogación.

Algunas palabras para hacer preguntas son **quién**, **qué**, **dónde**, **cuándo**, **por qué** y **cómo**.

¿**Quién** está en la foto?

 Haz preguntas con un compañero usando las palabras para hacer preguntas.

 Escribe.

| Quién | Cuándo | Cómo |

_____ nació Martin _____

Instrucciones Lea en voz alta la información y comente las preguntas con los estudiantes. Pídales a parejas de estudiantes que se turnen para hacer preguntas usando las palabras para hacer preguntas. Luego, pida a los estudiantes que corrijan la oración de la parte inferior de la página escribiendo una palabra para hacer preguntas al principio y agregando los signos de puntuación al comienzo y al final.

NARRACIÓN PERSONAL | Leer juntos | TALLER DE ESCRITURA

Puedo escribir un cuento sobre mí mismo.

Mi meta de aprendizaje

Corregir los signos de puntuación

Una oración completa termina con un **signo de puntuación**.

Una oración enunciativa termina con un punto final.

 Tacha y escribe.

Tim y Pam van al campamento? ___

Eva toca la flauta. ___

Pablo desayuna cereales! ___

Instrucciones Lea en voz alta las oraciones y pida a los estudiantes que determinen si terminan con la puntuación correcta. Pídales que corrijan las oraciones tachando los signos de puntuación que no son correctos y escribiendo el signo de puntuación correcto en las líneas. Pida a los estudiantes que corrijan sus narraciones personales para ver si hay signos de puntuación al final de las oraciones enunciativas.

NARRACIÓN PERSONAL

Corregir los verbos

Un **verbo** es una palabra que muchas veces expresa acción.
A veces un verbo también expresa una característica (**ser**) o estado (**estar**).

Mi TURNO Corrige los verbos en las oraciones.

Estoy un atleta.

Ayer corro mucho.

Soy cansado.

Instrucciones Diga: Las narraciones personales a menudo usan verbos que hablan de acciones en el pasado. También usan formas de los verbos *ser* y *estar* para expresar una característica o un estado. Pida a los estudiantes que corrijan el borrador cambiando el verbo o corrigiendo el tiempo del verbo. Dirija a los estudiantes para que corrijan los verbos en sus narraciones personales.

TALLER DE ESCRITURA

Corregir los pronombres personales y posesivos

Un **pronombre** toma el lugar de un sustantivo en una oración.

Algunos pronombres dicen de quién habla la oración.

Otros pronombres dicen que algo pertenece a alguien.

 Empareja.

Juan pinta la casa.   suya

Esta brocha es de Juan.   Él

Instrucciones Revise los pronombres personales y posesivos con los estudiantes. Luego, pídales que corrijan las oraciones dibujando una línea de cada oración al pronombre que podría reemplazar lo subrayado. Pida a los estudiantes que corrijan los pronombres personales y posesivos en sus narraciones personales. Recuérdeles que si el pronombre personal aparece al inicio de una oración, su primera letra debe ir en mayúscula.

PRESENTACIÓN DE LA SEMANA: POEMA

Una tradición familiar

Cuando es mi cumpleaños, mi familia llama de México y me canta esta canción por teléfono:

"Estas son las mañanitas
que cantaba el rey David.
Hoy por ser tu cumpleaños
te las cantamos a ti.

Despierta, mi bien, despierta,
mira que ya amaneció.
Ya los pajaritos cantan,
la luna ya se metió".

Pregunta de la semana

¿Qué podemos aprender de las tradiciones familiares?

 Dibuja.

Instrucciones Lea el poema en voz alta y pida a los estudiantes que miren las fotos. Pídales que digan en qué se parecen y en qué se diferencian sus propias tradiciones familiares de la tradición descrita en el poema. Luego, pida a los estudiantes que hagan un dibujo para mostrar una tradición familiar.

REPASO Y REFUERZO

Las palabras con Bb y Vv

 Lee y escribe.

   Me pongo la ___ota.

   Tomo un ___aso de jugo.

   ¡Mira esa nu___e!

   Esta es la lla___e.

Instrucciones Diga a los estudiantes que la letra *b* y la letra *v* tienen el sonido /b/. Pida a los estudiantes que nombren cada imagen. Luego, pídales que lean cada oración y digan el nombre de cada imagen para completar la palabra. Por último, pida a los estudiantes que escriban la palabra de la imagen en las líneas.

DESTREZAS FUNDAMENTALES

Las palabras con Bb y Vv

 Lee, encierra en un (círculo) y subraya.

En el bote hay una vela.

Esa vaca es muy bonita.

La bandera está en la ventana.

Instrucciones Recuerde a los estudiantes que la letra *b* y la letra *v* tienen el sonido /b/. Pida a los estudiantes que lean las oraciones y encierren en un círculo las palabras que comienzan con *v* y que subrayen las palabras que comienzan con *b*.

Las palabras con Bb y Vv

 Lee con un compañero.

 ¿Vas a la boda de Ana?

 Una abeja voló por aquí.

 El botón de la nave es rojo.

 La oveja sube por la colina.

Instrucciones Recuerde a los estudiantes que la letra *b* y la letra *v* tienen el sonido /b/. Luego, pida a parejas de estudiantes que se turnen para leer las oraciones.

DESTREZAS FUNDAMENTALES

Mis palabras

| señor | hablan | ayudar |

Mis oraciones para leer

Esta es la casa del señor Lara.

¡Vamos a ayudar!

Mamá y Rosa hablan con la señora Lara.

Las oraciones que puedo leer

 Lee y empareja.

Beto come una uva.

Eva se lava las manos.

El bebé toma sopa de verduras.

Le pego a la bola con mi bate.

CUENTO DE FONÉTICA

DESTREZAS FUNDAMENTALES

En familia

Subraya las palabras que tienen la consonante **b**.

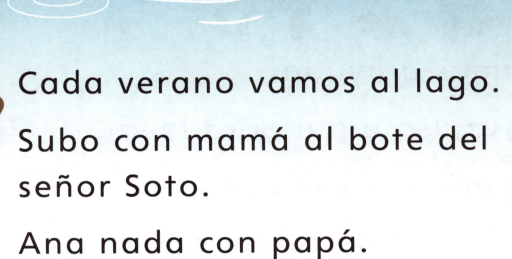

Cada verano vamos al lago.

Subo con mamá al bote del señor Soto.

Ana nada con papá.

CUENTO DE FONÉTICA

Vamos a ayudar.

Rosa usa agua para lavar.

Mamá pinta la valla.

Yo le doy de comer a Fido.

DESTREZAS FUNDAMENTALES

Resalta las palabras que tienen la consonante **v**.

Es la hora de la cena.

Todos hablan y comen.

Papá hizo pavo y papas.

¡Viva, qué rico!

REPASO Y REFUERZO

Las oraciones que puedo leer

 Lee y escribe.

| boca | pavo | cubos | vela |

Me gusta el pavo asado.

Tengo la _____ llena.

Mila y yo jugamos con _____.

Esta _____ es de color azul.

DESTREZAS FUNDAMENTALES

Las oraciones que puedo leer

 Lee y escribe.

| b | v |

El lo_b_o sale a caminar.

¿Podemos mirar por la __entana?

La nu___e tapó el sol.

Las ___acas comen mucho pasto.

Instrucciones Pida a los estudiantes que identifiquen las letras del banco de letras. Luego, pídales que lean las oraciones. Explíqueles que van a usar las letras para completar las palabras de las oraciones. Recuérdeles que deben asegurarse de que las oraciones tengan sentido cuando completen las palabras.

175

GÉNERO: FICCIÓN

Mi meta de aprendizaje — Puedo leer sobre el pasado.

Ficción

Los cuentos de ficción hablan sobre personajes inventados. Con frecuencia tienen un **tema**, o idea principal.

Personajes inventados → La familia Vásquez estaba celebrando una cena especial. La abuela trajo pollo. El tío Luis trajo puré. Todos hablaron y comieron.

Tema → A la familia Vásquez le gusta pasar tiempo juntos.

INTERCAMBIAR ideas ¿En qué se parece este cuento a un cuento de no ficción narrativa? Coméntalo con un compañero.

Instrucciones Lea en voz alta la información del género y el texto modelo. Pida a los estudiantes que comenten el tema del cuento y determinen el tema básico. Luego, pídales que digan en qué se parece y en qué se diferencia la ficción de la no ficción narrativa.

TALLER DE LECTURA

VOCABULARIO

Tempura, tempera

Primer vistazo al vocabulario

| trajo | sirvió | navegaron | compartieron |

Leer

¿Qué preguntas tienes antes de leer el cuento?

Teresa Martínez ilustra libros para niños. Creció en México, donde le gustaba jugar en el río y pasear con las vacas.

Instrucciones Pida a los estudiantes que escuchen el título y que vean las ilustraciones en la página del título. Pídales que generen preguntas sobre el texto antes de leer.

Género Ficción

Tempura, tempera

escrito por Lyn Miller-Lachmann ilustrado por Teresa Martínez

Era el cumpleaños del abuelo.
Él es de Portugal.

Haruko vino a cenar.
Ella es de Japón.

Haruko trajo ocho flores bonitas.
—En Japón, el ocho trae buena suerte —dijo.

VOCABULARIO EN EL CONTEXTO

¿Qué palabras te ayudan a comprender lo que significa **delicioso**? Resalta las palabras.

Teresa dijo:
—Mamá hizo pescado frito. Está delicioso. Al abuelo le encanta.

Mamá sirvió el pescado.
Sirvió frijoles.

LECTURA ATENTA

¿Qué preguntas puedes hacer acerca de estas páginas? Resalta las partes del texto sobre las que tienes preguntas.

—¡Esto parece tempura! —dijo Haruko.
El abuelo dijo:
—La tempura viene de mi país.
La llamamos tempera.

—Hace mucho tiempo, unos marineros salieron de Portugal —explicó Teresa—. Navegaron a Japón. Compartieron su tempera.

> **LECTURA ATENTA**
>
> ¿De qué trata el cuento? Subraya las claves del texto que te ayudan a responder a la pregunta

—A los japoneses les gustó la tempera entonces —dijo Teresa.

—¡A mí me gusta la tempura ahora! —dijo Haruko.

VOCABULARIO

Desarrollar el vocabulario

 Escribe.

| trajo | sirvió | navegaron | compartieron |

Haruko _____ flores para el abuelo.

Mamá _____ tempura para cenar.

Instrucciones Lea en voz alta las palabras del vocabulario. Luego, lea las oraciones. Pida a los estudiantes que escriban en las líneas la palabra de vocabulario que mejor completa cada oración.

COMPRENSIÓN  TALLER DE LECTURA

Verificar la comprensión

 Escribe.

1. ¿Qué sucede después de que la mamá sirve la cena?

2. ¿Cómo describe la comida la autora?

3. ¿Cómo comparten tradiciones los personajes?

Instrucciones Lea cada pregunta y pida a los estudiantes que escriban sus respuestas. Recuérdeles que usen evidencia del texto.

LECTURA ATENTA

Determinar el tema

El **tema** es la gran idea de un texto.

 Dibuja.

Instrucciones Lea la información en voz alta a los estudiantes. Diga: Pueden conversar sobre el tema, o de qué trata el cuento, y usar lo que saben de su propia vida como ayuda para comprender el tema. Pida a los estudiantes que comenten distintos temas y determinen el tema básico del cuento. Recuérdeles volver a lo que subrayaron en el texto. Luego, pida a los estudiantes que hagan un dibujo para mostrar el tema.

Hacer y responder preguntas

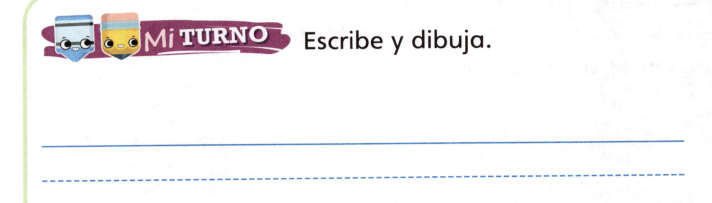 Escribe y dibuja.

RESPONDER AL TEXTO

Reflexionar y comentar

INTERCAMBIAR ideas ¿De qué tradición habla el cuento? ¿Qué otros cuentos has leído que hablan de una tradición? Vuelve a contar los cuentos a un compañero.

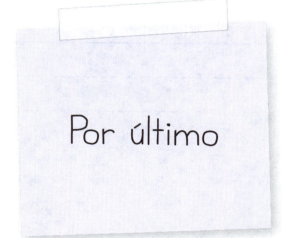

Primero

Después

Por último

Pregunta de la semana

¿Qué podemos aprender de las tradiciones familiares?

Instrucciones Diga a los estudiantes que han leído acerca de personajes que comen un tipo especial de comida. Pídales que piensen en otro cuento que hayan leído que hable de una tradición. Pida a los estudiantes que vuelvan a contar los sucesos de los cuentos. Diga: Cuando vuelven a contar un cuento, dicen los sucesos importantes. Luego, pídales que respondan a las fuentes comentando entre compañeros las tradiciones de cada cuento.

VOCABULARIO

PUENTE ENTRE LECTURA Y ESCRITURA

Puedo usar palabras para hacer conexiones.

Mi meta de aprendizaje

Vocabulario académico

| tiempo | cambiar | descubrir | tradición |

 Conversa acerca de las fotos.

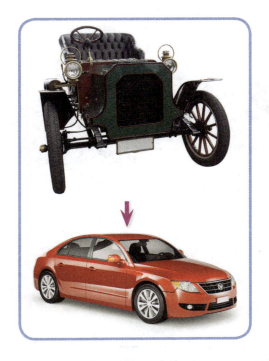

Instrucciones Pida a los estudiantes que conversen sobre las fotos con un compañero. Recuérdeles que usen las palabras del vocabulario académico.

193

Ortografía

 Empareja.

papa　　　callé　　　papá　　　calle

TÉCNICA DEL AUTOR  **PUENTE ENTRE LECTURA Y ESCRITURA**

Leer como un escritor, escribir para un lector

 Escribe.

1. ¿Cómo usa la autora las ilustraciones para ayudarte a comprender el final del cuento?

2. ¿Qué ilustración podrías añadir para ayudar a los lectores a comprender el cuento?

Instrucciones Pida a los estudiantes que comenten cómo utiliza la autora los elementos gráficos, como mapas e ilustraciones, para lograr un propósito específico y ayudar a los lectores a comprender el texto. Lea en voz alta las preguntas y pida a los estudiantes que escriban sus respuestas.

LENGUAJE Y NORMAS

Las palabras para hacer preguntas

Las preguntas comienzan con un signo de interrogación y una **palabra para hacer preguntas.** Las preguntas terminan con un signo de interrogación.

¿**Dónde** están ellos?

¿**Qué** comen?

Mi TURNO Encierra en un círculo y escribe.

_____ está la biblioteca _____

| Quién | Dónde |

_____ libro debería llevarme _____

| Qué | Cuándo |

Instrucciones Lea en voz alta la información y revise las palabras para hacer preguntas *quién, qué, dónde, cuándo, por qué* y *cómo* con los estudiantes. Luego, lea los marcos de oración. Pida a los estudiantes que corrijan las oraciones encerrando en un círculo la palabra correcta para hacer preguntas que debe ir al comienzo de la oración y escribiendo el signo de puntuación correcto al principio y al final de cada oración.

NARRACIÓN PERSONAL  TALLER DE ESCRITURA

Puedo escribir un cuento sobre mí mismo.

Mi meta de aprendizaje

Corregir las mayúsculas

La primera letra de un nombre tiene que ir siempre en **mayúscula**.

 Subraya y escribe.

Vi a miguel en el zoológico.

Miguel

Estaba con su hermana alba.

Su perro max estaba allí también.

NARRACIÓN PERSONAL

Corregir la ortografía

Los buenos escritores revisan para asegurarse que han escrito las palabras correctamente.

 Encierra en un círculo y escribe.

La vaca beve en el estanque.

Vamos a ber una película

Rita patea el valón de fútbol.

Instrucciones Diga a los estudiantes que han aprendido algunos patrones de ortografía de palabras que se escriben con *b* o con *v*. Diga: En cada oración, hay una palabra mal escrita con *b* o con *v*. Encierren la palabra mal escrita en un círculo y escriban la palabra correcta en las líneas de abajo. Luego, deletreen la palabra correcta.

TALLER DE ESCRITURA

Evaluación

¡Esto es lo que has aprendido en esta unidad!

- ☐ Escribir acerca de personas reales.
- ☐ Escribir acerca de ambientes reales.
- ☐ Escribir acerca de sucesos reales.
- ☐ Corregir los sustantivos y los pronombres.
- ☐ Escribir nombres con mayúsculas.

Instrucciones Lea la lista con los estudiantes y comente los enunciados. Anime a los estudiantes a hacer preguntas si no comprenden la información. Puede que desee revisar otras destrezas que los estudiantes han aprendido en esta unidad, tales como generar y organizar ideas y corregir los verbos y la ortografía.

COMPARAR TEXTOS

TEMA DE LA UNIDAD
Antes y ahora

 INTERCAMBIAR ideas

Regresa a cada uno de los textos y cuenta una cosa que hayas aprendido sobre el pasado. Usa las preguntas de la semana como ayuda.

SEMANA 3

El teléfono de la abuela

¿Cómo ha cambiado la comunicación con el tiempo?

Descubrir el pasado

SEMANA 2

¿Cómo podemos aprender sobre el pasado?

SEMANA 1

Los carros siempre están cambiando

¿Por qué es importante mejorar los inventos?

SEMANA 6

CLUB del LIBRO

Cambiar leyes, cambiar vidas: Martin Luther King, Jr.

¿Cómo era la vida en el pasado?

SEMANA 4

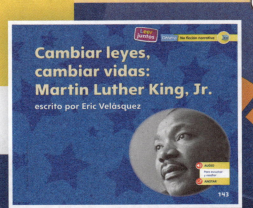

CLUB del LIBRO

SEMANA 5

CLUB del LIBRO

Tempura, tempera

¿Qué podemos aprender de las tradiciones familiares?

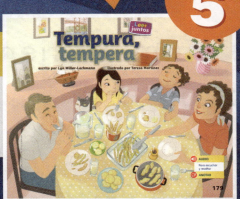

Pregunta esencial

Mi TURNO
¿Qué podemos aprender del pasado?

Proyecto

SEMANA 6

Ahora es el momento de aplicar lo que has aprendido acerca de ir a lugares en tu proyecto de la **SEMANA 6: Mirar atrás.**

REPASO Y REFUERZO

Las palabras con Cc y Kk

 Lee y escribe.

Esta es una pesa de un __ilo.

kilo

La palmera tiene __o__os.

En el __iosco venden revistas.

Carlos hace la __ama.

Instrucciones Recuerde a los estudiantes que las consonantes *c* y *k* tienen el sonido /k/. Pida a los estudiantes que nombren cada imagen. Luego, pídales que lean cada oración y digan el nombre de cada imagen para completar la oración. Por último, pida a los estudiantes que escriban la palabra de la imagen en las líneas.

Las palabras con Qu qu

 Lee y encierra en un círculo.

Me gusta la pasta con _____.

keso   queso

La _____ está dura.

mantecilla   mantequilla

Marta es una niña _____.

pequeña   peqeña

REPASO Y REFUERZO

Ortografía

 Lee y escribe.

qué	cómo	antes
quién	cuándo	puede

Instrucciones Diga: El sonido /k/ antes de las vocales *i* o *e* por lo general se escribe con *qu*. El sonido /k/ antes de las vocales *a, o, u* por lo general se escribe con *c*. Pida a los estudiantes que lean las palabras del banco de palabras y escriban en la primera columna las palabras que tienen el sonido /k/ escrito con *c* y en la segunda columna las palabras que tienen el sonido /k/ escrito con *qu*. Por último, pídales que deletreen y escriban las palabras de uso frecuente en la tercera columna.

Mis palabras

| pone | antes | puede |

Mis oraciones para leer

 Subraya.

Lali pone la mesa.

Papá llega antes de cenar.

¡Papá puede comer con todos!

Las palabras con Cc, Kk, Ququ

 Lee y empareja.

un kiosco en la calle

un poco de queso

un carro pequeño

un kiwi rico

Instrucciones Diga a los estudiantes que las imágenes representan palabras con *c*, *k* y *qu*. Pida a los estudiantes que digan lo que ven en las imágenes. Luego, pídales que lean las frases y dibujen líneas para emparejar cada frase con su imagen.

CUENTO DE FONÉTICA

DESTREZAS FUNDAMENTALES

Una casa del pasado

Resalta las palabras que tienen la consonante **k**.

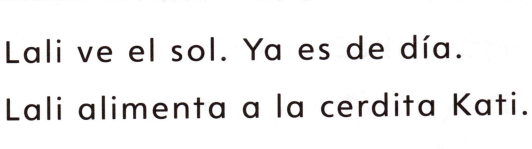

Lali ve el sol. Ya es de día.

Lali alimenta a la cerdita Kati.

¡Kati come kilos de comida!

CUENTO DE FONÉTICA

Lali y mamá cantan.

Mamá hace queso.

Lali se sube a una caja.

Ahora Lali puede ver a mamá.

DESTREZAS FUNDAMENTALES

Subraya las palabras en las que la consonante **c** y el dígrafo **qu** tienen el mismo sonido.

Mamá hace la comida.

¿Quién llegó a casa?

¡Es papá!

Lali pone la mesa antes de comer.

REPASO Y REFUERZO

Las oraciones que puedo leer

 Lee, escribe y encierra en un (círculo).

☐ Marta canta en un coco.
☒ Marta canta en un coro.

☐ Ana escala la roca.
☐ Ana escala la rosa.

☐ Yo vivo en la casa de la espina.
☐ Yo vivo en la casa de la esquina.

Instrucciones Pida a los estudiantes que digan lo que ven en cada imagen. Luego, pídales que lean cada par de oraciones y marquen con una X la oración que describe la imagen. Por último, pídales que encierren en un círculo las letras cuyos sonidos son distintos en cada par de oraciones.

DESTREZAS FUNDAMENTALES

Las oraciones que puedo leer

 Lee y encierra en un círculo.

Los pantalones son color kaki.

Hay un paquete para ti.

Es la comida favorita de Kino.

Instrucciones Pida a los estudiantes que lean las oraciones. Luego, pídales que miren las imágenes y encierren en un círculo la imagen que mejor ilustra cada oración.

INDAGAR

Mirar atrás

Mira la foto. ¿Cómo vivían los niños en el pasado?

 INTERCAMBIAR *ideas*

Con un compañero, conversa sobre en qué se parecen y en qué se diferencian los niños del pasado y los niños de hoy en día.

Instrucciones Pida a los estudiantes que conversen con un compañero sobre los niños que están en la foto. Pídales que digan en qué se parecen y en qué se diferencian los niños del pasado y los niños de hoy en día.

PROYECTO DE INDAGACIÓN

Usar las palabras

COLABORAR Conversa con tu compañero. ¿Qué preguntas tienes sobre la vida en el pasado? Usa palabras académicas nuevas.

Mi plan de investigación
Marca cada casilla mientras haces tu proyecto. Completa los pasos.

☐ Elegir una persona para entrevistar.

☐ _____

☐ _____

Instrucciones Pida a parejas de estudiantes que comenten lo que quieren aprender sobre la vida en el pasado. Anímelos a usar el vocabulario académico a medida que generan preguntas. Luego, ayude a los estudiantes a desarrollar y luego seguir un plan de investigación para su proyecto. Diga: Piensen en los pasos que necesitan seguir para sus proyectos y escríbanlos en las líneas. Luego, marquen los recuadros mientras siguen los pasos.

EXPLORAR LA INVESTIGACIÓN

¿De qué se trata?

Los textos informativos tienen un título y una idea principal.

El **título** suele nombrar el tema del texto.

La **idea principal** es de lo que trata el texto.

Mi papá

Mi papá pasó mucho tiempo al aire libre cuando era niño. Jugó al béisbol con sus amigos. Encontró piedras para su colección.

Instrucciones Lea en voz alta la información y el texto modelo. Pida a los estudiantes que busquen y encierren en un círculo el título del texto. Pídales que hablen de lo que averiguaron sobre el texto al leer el título. Luego, pida a los estudiantes que busquen y subrayen la idea principal del texto.

HACER UNA INVESTIGACIÓN | PROYECTO DE INDAGACIÓN

Hacer una entrevista

Puedes reunir información sobre la vida en el pasado hablando con personas mayores. Para entrevistarlas, puedes hacerles preguntas y explicarles lo que quieres aprender.

 Escribe.

_____

_____

_____

COLABORAR Habla con un compañero de las preguntas que quieren hacer.

Instrucciones Diga: En una entrevista, se hacen preguntas a una persona para averiguar información. Explique que los estudiantes entrevistarán a un miembro mayor de la familia acerca de cómo era la vida cuando él o ella eran niños. Pida a los estudiantes que escriban el nombre del familiar que van a entrevistar. Luego, pida a parejas de estudiantes que piensen en lo que quieren saber y que generen preguntas para su entrevista.

AFINAR LA INVESTIGACIÓN

Tomar notas

¿Qué hacías para divertirte?

jugar a los jacks y otros juegos

 Escribe o dibuja.

Instrucciones Lea en voz alta el ejemplo de investigación en la parte superior de la página. Luego, pida a los estudiantes que sigan el ejemplo para tomar sus propias notas mientras entrevistan a un miembro mayor de la familia sobre cómo era la vida cuando él o ella era un niño.

COLABORAR Y COMENTAR   PROYECTO DE INDAGACIÓN

Revisar y corregir

Añade detalles para mejorar tu escritura.
Puedes añadir fotos como detalle.
Puedes añadir detalles en palabras.

Jugaba juegos.

Jugaba a los jacks.

 Escribe.

Instrucciones Lea en voz alta el ejemplo de revisión y comente por qué los *jacks* son un detalle mejor que decir solo *juegos*. Pida a los estudiantes que lean sus escritos. Pídales que sigan el ejemplo para revisar una oración añadiendo detalles en palabras.

CELEBRAR Y REFLEXIONAR

Presentar

Sigue las reglas de hablar y escuchar.

Usa oraciones completas.

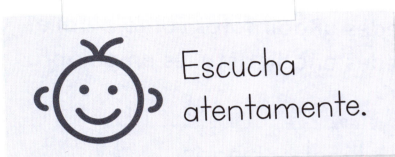

Escucha atentamente.

Reflexionar

 Encierra en un círculo.

¿Aprendí acerca del pasado?

¿Usé oraciones completas?

REFLEXIONAR SOBRE LA UNIDAD  TALLER DE ESCRITURA

Reflexionar sobre tus lecturas

 Escribe.

Aprendí

Reflexionar sobre tu escritura

 Escribe.

Me gusta escribir sobre

Instrucciones Pida a los estudiantes que reflexionen sobre las lecturas y los escritos realizados en esta unidad.

INSTRUCCIÓN PARA EL GLOSARIO ILUSTRADO

Cómo usar un glosario ilustrado

Esta es una imagen de la palabra.

Esta es la palabra que estás aprendiendo.

primero

 Dibuja.

Instrucciones Recuerde a los estudiantes que un glosario ilustrado sirve para buscar palabras. Diga: El tema de este glosario ilustrado es **secuencia**. Escuchen mientras leo las palabras. Las imágenes servirán de ayuda para comprender los significados de las palabras. Pida a los estudiantes que identifiquen la palabra *antes* y que la usen en una oración. Luego, pídales que hagan un dibujo que muestre el significado de la palabra.

GLOSARIO ILUSTRADO

Secuencia

siguiente

luego

último

antes

después

INSTRUCCIÓN PARA EL GLOSARIO

Cómo usar los recursos digitales

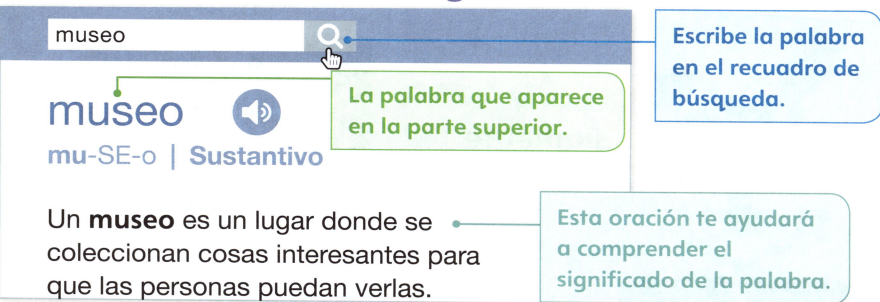

museo

museo
mu-SE-o | Sustantivo

Un **museo** es un lugar donde se coleccionan cosas interesantes para que las personas puedan verlas.

Escribe la palabra en el recuadro de búsqueda.

La palabra que aparece en la parte superior.

Esta oración te ayudará a comprender el significado de la palabra.

 Dibuja.

Instrucciones Diga a los estudiantes que pueden buscar en un diccionario u otro recurso en línea las palabras que no están en el glosario. Diga: Primero, escriban la palabra que buscan en el recuadro de búsqueda. Luego, pulsen "return". Pida a los estudiantes que busquen la palabra *fuente* usando un diccionario en línea y que hagan un dibujo que muestre el significado.

Bb

brocha Las **brochas** son utensilios para limpiar.

Cc

calabaza Una **calabaza** es un fruto grande, redondo y anaranjado que crece en una planta.

cambio Un **cambio** es cuando algo se convierte en algo diferente.

científico Un **científico** es una persona que estudia la naturaleza.

GLOSARIO

compartir Al **compartir**, dejamos que otros usen algo o tengan algo.

Dd

descubrir **Descubrir** es encontrar o ver algo por primera vez.

discurso Un **discurso** es una conversación formal para un grupo de personas.

Gg

granja Una **granja** es un lugar donde se siembran cultivos y se crían animales.

Ll

ley Las **leyes** son normas hechas por un país.

Mm

manivela Una **manivela** es un mango que se gira para encender una máquina.

marchar Cuando alguien **marcha**, participa con un grupo de personas en una caminata organizada para apoyar una causa.

motor Un **motor** es una máquina que hace que algo funcione.

Nn

navegar **Navegar** es viajar en un barco.

GLOSARIO

Pp

país Un **país** es un área donde viven las personas y que tiene un gobierno.

pala Una **pala** es una herramienta para cavar.

pasado El **pasado** es todo el tiempo que ha transcurrido.

Rr

radio Una **radio** es un aparato que sirve para escuchar música o programas hablados que se transmiten por señales.

reproductor de CD Un **reproductor de CD** es un aparato para oír música que toca discos de plástico.

Ss

servir **Servir** es llevar la comida a la mesa para que coman las personas.

Tt

tiempo El **tiempo** es lo que medimos en segundos, minutos, horas, días, meses y años.

tradición Una **tradición** es una creencia o una costumbre que pasa de una persona a otra.

traer Cuando **traes** algo, llevas algo contigo.

Vv

visitar **Visitar** es cuando vas a ver a alguien o algo.

RECONOCIMIENTOS

Fotografías

Photo locators denoted as follows Top (T), Center (C), Bottom (B), Left (L), Right (R), Background (Bkgd)

4 Rawpixel/Shutterstock; 5 Performance Image/Alamy Stock Photo, Michael Doolittle/Alamy Stock Photo; 6 Reg Lancaster/Getty Images; 8 (Bkgd) Rawpixel/Shutterstock, (BL) Konstantin Tronin/Shutterstock; 9 (CL) Picksell/Shutterstock, (CL) Reg Lancaster/Getty Images, (TL) Vintage Images/Alamy Stock Photo, (TL) DutchScenery/Getty Images, (TL) Prudencio Alvarez/123RF; 10 (L) Blaj Gabriel/Shutterstock, (R) Hero Images Inc./Alamy Stock Photo; 12 (L) Joyfuldesigns/Shutterstock, (R) MBI/Alamy Stock Photo; 13 (BCR) Microgen/Shutterstock, (BR) Stockbroker/123RF, (CL) Gelpi/Shutterstock, (CR) Gelpi/Shutterstock, (TR) Monticello/Shutterstock; 14 Anneka/Shutterstock; 15 (Bkgd) Toria/Shutterstock, (CR) Yougoigo/Shutterstock; 16 (BCL) G215/Shutterstock, (BCR) Koya79/123RF, (BL) Sergio Schnitzler/Shutterstock, (BR) Mazzzur/Shutterstock, (TCL) Pavlo Loushkin/Shutterstock, (TCR) Shtennikova Evgenia/Shutterstock Shutterstock, (TL) Jelena Aloskina/Shutterstock, (TR) Nitr/Shutterstock; 17 (BL) G215/Shutterstock, (BR) Pixelheadphoto Digitalskillet/Shutterstock, (TL) Shtennikova Evgenia/Shutterstock, (TR) E. O./Shutterstock; 18 (CR) Arsgera/Shutterstock, (TCR) Koya79/123RF, (TR) Leungchopan/Shutterstock; 19 (BCL) Pavlo Loushkin/Shutterstock, (BCR) Bola_BR/Shutterstock, (BL) Ints Vikmanis/Shutterstock, (BR) Iquacu/123RF, (TCL) Deep OV/Shutterstock, (TCR) Aaron Amat/Shutterstock, (TL) Nattika/Shutterstock, (TR) Dny3d/Shutterstock; 20 (BC) Everything/Shutterstock, (BL) 123RF, (BR) Boleslaw Kubica/Shutterstock, (C) Kyselova Inna/Shutterstock, (CL) Xpixel/Shutterstock, (CR) Best photo studio/Shutterstock, (TC) Tatiana Popova/Shutterstock, (TL) Hintau Aliaksei/Shutterstock, (TR) Room27/Shutterstock; 22 (B) Akura Yochi/Shutterstock, (C) Jack_photo/Shutterstock, (T) Robert Kneschke/Shutterstock; 27 (BL) NANTa SamRan/Shutterstock, (BR) Movit/Shutterstock, (CL) Aaron Amat/Shutterstock, (CR) G215/Shutterstock, (TL) Morenina/Shutterstock, (TR) 596908/Shutterstock; 30 (BL) Pearson Education, Inc., (TCL) Kvsan/Shutterstock, (TCR) DutchScenery/Getty Images, (TL) Vintage Images/Alamy Stock Photo, (TR) Prudencio Alvarez/123RF; 31 (Bkgd) Cozy nook/Shutterstock, (L) Performance Image/Alamy Stock Photo, (R) Michael Doolittle/Alamy Stock Photo; 32 LUke1138/Getty Images; 33 (BR) Neirfy/123RF, (L) Vintage Images/Alamy Stock Photo; 34 Mary Evans Picture Library/Alamy Stock Photo; 35 (C) Wicki58/Getty Images, (T) Chronicle/Alamy Stock Photo; 36 Everett Collection Inc/Alamy Stock Photo; 37 (B) Trait2lumiere/Getty Images, (T) DutchScenery/Getty Images; 38 (B) Heritage Images/Getty Images, (T) Prudencio Alvarez/123RF; 39 Victor Habbick Visions/Getty Images; 40 (BL) Prudencio Alvarez/123RF, (BR) DutchScenery/Getty Images, (TL) Kvsan/Shutterstock, (TR) Vintage Images/Alamy Stock Photo; 46 (BCR) Artmim/Shutterstock, (BR) JirkaBursik/Shutterstock, (TCR) Mau Horng/Shutterstock, (TR) Scanrail/123RF; 48 (B) Dotshock/Shuttestock, (T) Andrey Armyagov/Shutterstock; 51 (C) Praweena style/Shutterstock, (L) XiXinXing/Shutterstock, (R) Boris Diakovsky/Shutterstock; 52 RSnapshotPhotos/Shutterstock; 53 (L) Imtmphoto/Alamy Stock Photo, (R) Microgen/Shutterstock; 54 (BCL) M. Unal Ozmen/Shutterstock, (BCR) Le Do/Shutterstock, (BL) 123RF, (BR) Marteric/Shutterstock, (TCL) Shtennikova Evgenia/Shutterstock, (TCR) Greenland/Shutterstock, (TL) Richard Peterson/Shutterstock, (TR) Collins93/Shutterstock; 55 (BL) 123RF, (BR) Volodymyr Krasyuk/Shutterstock, (TL) Gulsen Gunel/Shutterstock, (TR) M. Unal Ozmen/Shutterstock; 56 (B) Collins93/Shutterstock, (C) ESB Professional/Shutterstock, (T) Monkey Business Images/Shutterstock; 57 (BCL) Momente/Shutterstock, (BCL) Triff/Shutterstock, (BL) Elena Shchipkova/123RF, (BR) Everything/Shutterstock, (TCL) Lisa A. Svara/Shutterstock, (TCR) BCFC/Shutterstock, (TL) Serg Rajab/Shutterstock, (TR) Billion Photos/Shutterstock; 58 (BL) BCFC/Shutterstock, (BR) Greenland/Shutterstock, (CL) Hidesy/Shutterstock, (CR) Serg Rajab/Shutterstock, (TL) Elena Shchipkova/123RF; 60 (BCL) Elena Shchipkova/123RF, (BL) 1546352/Shutterstock, (TCL) Purplequeue/Shutterstock, (TL) Momente/Shutterstock; 65 (BCR) Deep OV/Shutterstock, (BR) Wavebreakmedia/Shutterstock, (TCR) Elena Shchipkova/123RF, (TR) Serg Rajab/Shutterstock; 66 Dennis Hallinan/Alamy Stock Photo; 68 (B) Pearson Education, Inc., (TC) Masarik/Shutterstock, (TL) Openfinal/Shutterstock, (TR) Masarik/Shutterstock; 78 (BR) Masarik/Shutterstock, (CR) Masarik/Shutterstock, (T) Openfinal/Shutterstock, (TR) Openfinal/Shutterstock; 83 (B) Carlos E. Santa Maria/Shutterstock, (T) Microgen/Shutterstock; 87 (C) Jack Schiffer/Shutterstock, (L) Sergey Nivens/Shutterstock, (R) Takacs Szabolcs/Shutterstock; 88 (L) Anyka/123RF, (R) Erics/Shutterstock; 89 Daxiao Productions/Shutterstock; 90 (B) Everett Collection/Shutterstock, (C) KittyVector/Shutterstock; 91 Komkrit Noenpoempisut/Shutterstock; 92 (BCL) Tsekhmister/Shutterstock, (BCR) Purplequeue/Shutterstock, (BL) Ammit/123RF, (BR) Marteric/Shutterstock, (TCL) Mazzzur/Shutterstock, (TL) Dushlik/Shutterstock, (TCR) Room27/Shutterstock, (TR) Lizard/Shutterstock; 93 (CL) Room27/Shutterstock, (BCL) Sszefei/Shutterstock, (BL) Budabar/123RF, (TCL) MaraZe/Shutterstock, (TL) Dionisvera/Shutterstock; 94 (BC) Africa Studio/Shutterstock, (BL) Carlos E. Santa Maria/Shutterstock, (BR) Freer/Shutterstock, (TC) Alex Staroseltsev/Shutterstock, (TL) Joana Lopes/Shutterstock, (TR) Azure1/Shutterstock; 95 (BL) Mubus7/Shutterstock, (BR) 596908/Shutterstock, (C) Eric Isselee/Shutterstock, (CL) Pandapaw/Shutterstock, (CR) Smit/Shutterstock, (TL) Isselee/123RF, (TR) Tory Kallman/Shutterstock; 96 (BL) Blaj Gabriel/

Shutterstock, (BR) Le Do/Shutterstock, (CL) StudioVin/Shutterstock, (CR) 123rf, (TL) Africa Studio/Shutterstock, (TR) Dan Thornberg/Shutterstock; **98** (B) Le Do/Shutterstock (C) Nikifor Todorov/Shutterstock (T) Gosphotodesign/Shutterstock **106** Pearson Education, Inc.; **120** Neirfy/123RF; **124** AlohaHawaii/Shutterstock; **128** (Bkgrd) John Brueske/Shutterstock, (BL) Donna Beeler/Shutterstock, (L) Jon Helgason/123RF, (R) Chris Willemsen/123RF; **130** (BCR) Africa Studio/Shutterstock, (BL) Aaron Amat/Shutterstock, (BR) Billion Photos/Shutterstock, (TCL) Vitalii Tiahunov/123RF, (TCR) Vtupinamba/123RF, (TL) Xpixel/Shutterstock, (TR) Max Sudakov/Shutterstock; **131** Morena Valente/Shutterstock; **134** (BC) 123RF, (BL) Boris Medvedev/Shutterstock, (TC) Le Do/Shutterstock, (TL) Africa Studio/Shutterstock, (TR) Room27/Shutterstock; **138** (B) Number 650371/Shutterstock, (C) Sean MacD/Shutterstock, (T) Alex Staroseltsev/Shutterstock; **140** (L) Everett Historical/Shutterstock, (R) Castleski/Shutterstock; **143** (Bkgrd) Picksell/Shutterstock, (BR) Reg Lancaster/Getty Images; **144** (Bkgrd) Fedorov Oleksiy/Shutterstock, (T) Michael Ochs Archives/Getty Images; **145** MixPix/Alamy Stock Photo; **146** Bettmann/Getty Images; **147** CBS Photo Archive/Getty Images; **148** Morton Broffman/Getty Images; **149** Monkey Business Images/Shutterstock; **150** Jupiterimages/Getty Images; **151** Reg Lancaster/Getty Images; **152** (C) MixPix/Alamy Stock Photo, (L) Michael Ochs Archives/Getty Images, (R) Morton Broffman/Getty Images; **160** Reg Lancaster/Getty Images; **166** (BCL) 123RF, (BL) Kaweestudio/Shutterstock, (TCL) Vystekimages/Shutterstock, (TL) Alinute Silzeviciute/Shutterstock; **167** (B) Eastandwest/Shutterstock, (C) Viorel Sima/Shutterstock, (T) 123RF; **170** (BCR) Wendy Nero/Shutterstock, (BR) Picturepartners/Shutterstock, (TCR) Romrodphoto/Shutterstock, (TR) Jorge Casais/Shutterstock; **174** (BCL) India Picture/Shutterstock, (BL) Fleckstone/Shutterstock, (TCL) Pressmaster/Shutterstock, (TL) Bochkarev Photography/Shutterstock; **193** (BL) Rawpixel/Shutterstock, (BR) Monticello/Shutterstock, (C) Monkey Business Images/Shutterstock, (CL) Margojh/123RF, (CR) Microgen/Shutterstock; **194** (BCL) Carlos E. Santa Maria/Shutterstock, (BCR) Freer/Shutterstock, (BL) Zhu Difeng/Shutterstock, (BR) Apollofoto/Shutterstock; **196** Monkey Business Images/Shutterstock; **198** (B) Purino/Shutterstock, (C) Tyler Olson/Shutterstock, (T) Smereka/Shutterstock; **200** (BR) Performance Image/Alamy Stock Photo, Michael Doolittle/Alamy Stock Photo, Cozy nook/Shutterstock; **201** ClassicStock/Alamy Stock Photo; **202** (BL) Osorioartist/Shutterstock, (BCL) Martin Sookias/Pearson Education Ltd, (CL) Sealstep/Shutterstock, (TL) JirkaBursik/Shutterstock; **203** (B) Eastandwest/Shutterstock, (C) Stefan Balaz/Shutterstock, (T) Farbled/Shuttestock; **206** (BCR) Martin Sookias/Pearson Education Ltd, (BR) Nattika/Shutterstock, (TR) Trimitrius/Shutterstock, (TCR) Sarawut Aiemsinsuk/Shutterstock; **210** (B) Elena Elisseeva/Shutterstock, (C) Zhukovvvlad/Shutterstock, (T) SpeedKingz/Shutterstock; **211** (BL) 123RF, (BR) Dora Zett/Shutterstock, (CL) Dny3d/Shutterstock, (CR) Alexander Raths/Shutterstock, (TL) Urfin/Shutterstock, (TR) Lisovskaya Natalia/Shutterstock; **212** ClassicStock/Alamy Stock Photo; **214** ClassicStock/Alamy Stock Photo; **215** Shotshop GmbH/Alamy Stock Photo; **216** Granata68/Shutterstock; **217** ClassicStock/Alamy Stock Photo; **223** (T) Masarik/Shutterstock, (C) AlohaHawaii/Shutterstock, (B) Openfinal/Shutterstock; **224** (T) Michael Ochs Archives/Getty Images (B) Tracey Helmboldt/Shutterstock; **225** (T) Vintage Images/Alamy Stock Photo, (C) Morton Broffman/Getty Images, (B) Kvsan/Shutterstock; **226** (T) Masarik/Shutterstock, (B) Prudencio Alvarez/123RF.

Ilustraciones

21, 23–25 Stuart Holmes; **29, 67** Tim Johnson; **52–53** René Milot; **57** Laura Zarrin; **59, 61–63** Olga and Aleksey Ivanov; **69–77, 80, 86** Lisa Fields; **97, 99–101** Karen Wolcott; **29, 67, 105, 141, 177** Ken Bowser; **107–115, 118, 120** Olga Skomorokhova; **133, 135–137** Chris Musselman; **138–139** Marc Monés; **169, 171–173** Mona Daly; **179–188** Teresa Martinez; **205** Caroline Hu; **207–209** John Joven.

NOTAS

NOTAS

NOTAS

All rights reserved.

NOTAS

NOTAS